可持续时尚

韩晶贺　孙　逊◎著

Sustainable Fashion

中国纺织出版社有限公司

内 容 提 要

本书以可持续时尚为题，在阐述可持续时尚的起源与发展、相关概念的基础上，重点介绍了国内外的可持续时尚品牌，从品牌介绍到可持续发展行为、再到可持续发展战略，对可持续时尚品牌进行了全方位的展示。其中，详细介绍了可持续时尚品牌的设计、选材、生产、销售四个阶段的可持续发展活动，为时尚行业的其他品牌实现可持续发展提供了方向。文章最后介绍了影响可持续时尚品牌发展的因素，即可持续时尚消费者，并对可持续时尚的未来发展进行了展望。

图书在版编目（CIP）数据

可持续时尚 / 韩晶贺，孙逊著. -- 北京：中国纺织出版社有限公司，2022.10
ISBN 978-7-5180-9877-4

Ⅰ.①可… Ⅱ.①韩…②孙… Ⅲ.①服装工业—经济可持续发展—研究 Ⅳ.①F407.86

中国版本图书馆CIP数据核字（2022）第173044号

策划编辑：曹炳镝 李立静　　　责任编辑：段子君
责任校对：高 涵　　　　　　　责任印制：储志伟

中国纺织出版社有限公司出版发行
地址：北京市朝阳区百子湾东里 A407 号楼　邮政编码：100124
销售电话：010—67004422　传真：010—87155801
http://www.c-textilep.com
中国纺织出版社天猫旗舰店
官方微博 http://weibo.com/2119887771
三河市延风印装有限公司印刷　各地新华书店经销
2022 年 10 月第 1 版第 1 次印刷
开本：710×1000　1/16　印张：9.5
字数：87 千字　定价：99.00 元

为什么是可持续时尚

为什么开始研究可持续发展

我最早接触可持续发展（Sustainability）这一概念是在初高中政治教科书上，但具体了解其概念还是在读博士的那段时期。当时，我的博士导师刚申报立项可持续发展部分的国家重点项目，最初担任主研究员的师姐退出了项目组，其他师姐们都不想接这个项目。因为第一，她们对可持续发展主题很生疏；第二，为期三年的项目一旦接手就表示你在三年内无法毕业；第三，这是国家重点项目，全国那么多学者申报，最终我们研究室申报成功，除了教授的重视，肯定还有很多人在关注研究结果，压力之大可想而知。当时，我是博士第一年，主要研究方向是3D 打印技术在服装制作中的运用与消费者对新技术产品与服务的接受等，正热火朝天地和 3D 打印技术人员一起写项目申报书。可就是因为没有博士研究生肯接可持续发展项目，该项目就由我这个外国留学生接手。做项目的三年可以用抽筋扒皮、脱胎换骨来形容。第一年，每次开完会我会从会议室哭到卫生间；第二年，我会让项目组里的硕士研究生从会议室哭到卫生间；第三年，我们会让教授看资料看到哭。

在学习研究可持续发展和可持续时尚的七年时间里，所有研究人员都慢慢认识到可持续发展的重要性与可持续发展对整个服装行业的必要性。低廉的价格、过度消费和便利的文化，导致服装行业的环境污染、资源浪费和劳工问题发展至无法逃避的阶段。特别是 2011 年和 2012 年孟加拉国服装工厂倒塌导致一千多人失去生命的事件，更是让我们深切感受到可持续发展对于服装行业的必要性。当深入了解服装行业在制造过程中出现的环境污染问题、服装垃圾问题时，我们才明白政府为什么把可持续发展设立为国家四大核心项目，为什么会有一些大企业不惜投入巨资去整顿自己的供应链。

什么是可持续发展，什么是可持续时尚

可持续发展是在"经济发展与环境"框架内诞生的一个概念。世界环境与发展委员会（World Commission on Environment and Development, WCED）于 1987 年发表《我们共同的未来》（*Our Common Future*）一书，首次把可持续发展定义为"既满足当代人的需求，又不损害子孙后代需求的发展"，从此以后，可持续发展在各个领域引起了广泛的讨论。这种讨论主要是对伴随损毁环境的过去的经济发展还能持续多久的反省和沉思。换句话说，可持续发展的目的是满足当代人需要的同时，不浪费后代人的经济、社会、环境资源，并且应积极保护及发展其可利用性。而基于可持续发展的概念发展而来的可持续时尚，可以满足消费者需求或者通过给消费者全新的充实感与幸福感来代替他们的需求，同时又避免能源

与资源的浪费，关爱未来社会和环境。最近，可持续时尚还出现了其他表达方式，例如，可持续发展的时尚（Sustainable Fashion）、道德时尚（Ethical Fashion）、诚实时尚（Honest Fashion）。

时尚行业的可持续发展问题是怎么来的

常常有学生问我，为什么时尚行业的可持续发展问题到了非解决不可的状态呢？这与技术和社会的发展息息相关。古代的衣服采用树皮树叶或是动物皮毛保护和遮挡身体，得到一定发展后开始织布、染色、制衣。在制衣没有借助机器时，从原材料到生产加工用料和工艺都是绿色环保无公害的，用的是天然原材料和天然染色剂，而且纯手工的制作时间长，使用时间也长，破了小了缝补之后就可以再穿。蒸汽机的发明带动了整个纺织行业制作技术的飞速发展，大大提高了时尚产品的生产效率，满足了市场和消费者的需求。不同的面料材质、图案色彩、工艺制作方法，表现了人们不同的身份、社会地位、个性和风格。

虽然制作技术的发展推动了整个行业的发展，但是也导致了大量的生产、大量的资源浪费和大量的垃圾污水碳排放。因为服装的大量生产，人们可以轻而易举地买到一件衣服，从而导致整个流行周期加快，也就缩短了产品的生命周期。人们使用一件衣服的时间越来越短，更换频率越来越快，今天买的一件衣服几个月后就可能被丢弃在垃圾箱里了。

促使时尚流行周期加快的因素中除了技术发展的因素外还有几个因素，即自然因素、社会因素、生理因素、心理因素。例如，人们对利益的追求和新鲜事物的渴望。从流行周期理论的角度来看，一种流行需要经过萌芽阶段、兴起阶段、鼎盛阶段、衰退阶段和消亡阶段五个阶段。古代时尚流行周期的萌芽阶段到消亡阶段会经过非常漫长的时间。但现如今，一种流行从萌芽阶段到消亡阶段可能只需要三个月，有的流行呈现急速上升和下滑状态，越过兴起阶段和衰退阶段，五个阶段缩短为三个或更少。不仅是时尚行业，技术发展与大量生产带动起来的所有行业都有流行周期与产品生命周期缩短的问题，这也会带来行业的大量生产、资源浪费、大量垃圾污水排碳等问题。

所以时尚行业必须实行可持续发展，从思考方式到整个供应链的每个环节都要实行，同时也要教育和引导消费者进行可持续消费。

本书以可持续时尚为题，在查阅了大量国内外相关文献、品牌案例的基础上，着重介绍了国内外的可持续时尚品牌，包括品牌详情、品牌的可持续发展活动和品牌的可持续发展战略。其中，品牌的可持续发展活动部分详细介绍了品牌在设计、选材、生产、销售四个阶段的可持续活动，为时尚行业实现可持续发展指明了方向。

本书由北京服装学院科学研究项目（2020A-08）和北京服装学院高水平教师队伍建设（BIFTXJ202031）资助编写。

韩晶贺

2022 年 7 月

目 录

第四章　可持续时尚消费者

第五章　可持续时尚发展的未来

第一章
可持续时尚的起源与发展

第一节　可持续时尚的起源

早在 1960 年，环境保护问题得到了人们的关注。1968 年瑞典代表团提议召开一次关于人类环境的国际会议，随后，1972 年在斯德哥尔摩（Stockholm）举行了联合国人类环境会议（United Nations Conference on the Human Environment，UNCHE）。正是在这次会议上，人们首次讨论了可持续发展的概念。早期十多个国家的三十几位学者组织的罗马俱乐部编写了一本《增长的极限》，在此书中，学者们提出增长极限论，指出四个我们需要关注的问题，即人口增长、粮食短缺、资源消耗、环境污染，并且提出这种发展速度最终会导致地球的崩溃。初期提出的可持续发展概念遭到了多数人的反对，因为这对于因经济发展而尝到甜头的人们来说等同于限制他们的经济发展。为了说服众人，学者们用了四种公式计算出了地球的极限，即照此下去地球会在 2030 年崩溃。如果想免于崩溃，必须停止人口的增长，停止工业资本的增长，即必须使人口和经济在零增长下达到全球均衡。1980 年，国际自然保护联盟

（International Union for Conservation of Nature and Natural Resources，IUCN）出版了《世界保护战略》（*the World Conservation Strategy*）。

它指出发展的同时保护环境的重要性，并建议经济发展和环境保护应同时进行。

"发展和保护对于确保我们的生存，以及履行我们作为下一代自然资源受托人的职责都是同等必要的"。

"development and conservation are equally necessary to ensure our survival and to carry out our role as a trustee of natural resources for the next generation"。

随后，1987 年发表由世界环境与发展委员会发表的《我们共同的未来》（*Our Common Future*）报告中正式提出可持续性的概念，与此同时还创建了可持续发展的环保维度和概念。

可持续性指的是在满足当代人需求的同时不妨碍下一代的需求。

可持续发展指的是能满足当代人的需要，又不对后代人满足其需要的能力构成危害的发展。

可持续发展的早期概念包括经济、环境和社会维度。2001 年，联

合 国 教 科 文 组 织（United Nations Educational, Scientific and Cultural Organization，UNESCO）提议增加文化维度，强调精神、物质、智力、道德和情感特征的重要性。由此，可持续性扩展为四个维度，即经济、环境、社会和文化。20世纪末，在联合国环境与发展会议（United Nations Conference on Environment and Development，UNCED ）以及经济合作与发展组织（Organization for Econimic Cooperation and Development，OECD）等国际会议和组织中，探讨了可持续发展和环境监管工具的具体形式。因此，时尚产业引入可持续性的概念也需要具体的监管工具。可持续时尚涉及多种因素，包括有机（Organic），绿色（Green），公平贸易（Fair Trade），慢时尚（Slow Fashion）等。可持续时尚是一种在生产时尚产品的过程中考虑伦理和社会方面，为环境的可持续性和下一代的发展考虑的概念。此外，可持续性的范围正在向文化、时间和价值视角扩大，涵盖消费者生活方式和幸福。因此，可持续时尚可以被定义为考虑环境保护、经济增长、社会贡献以及人类福祉和未来发展及文化价值的时尚。

时尚产业可持续发展意味着一个不影响人类福祉和环境的兼容系统。因此，在产品开发的早期阶段需要考虑可持续性在商品设计和材料的选择的应用，并且以产品生命周期的视角管理商品开发到生产、销售和使用后处理的整个过程。

在今天的时尚行业，过度消费和时尚垃圾问题变得越来越严重。消费者的可持续消费决策足够帮助可持续发展产业增长。然而，从商业的角度来看，可持续消费被认为是一种阻碍利润创造的模式。因此，企业应该在满足消费者需求的同时寻求解决可持续发展问题的方法。目前，诸如伦理时尚（Ethical Fashion）、生态时尚（Eco Fashion）和可持续时尚（Sustainable Fashion）等术语最近已通过媒体被消费者所熟悉，可持续性被呈现为时尚和生活方式的趋势，"如何实现可持续时尚"成为全球时尚行业的热门议题。

第二节　可持续时尚形成的理论基础

可持续时尚是可持续发展理念在时尚行业的具体体现，可持续发展的理论基础同样支撑其在时尚行业的发展。可持续发展有以下几个理论基础。

一、"宇宙飞船经济"理论

美国经济学家肯尼斯·鲍尔丁（Kenneth E. Boulding）在 20 世纪 60 年代末提出"宇宙飞船经济"理论，也就是生态经济系统理论，又叫太空舱经济理论。理论指出，我们的地球只是茫茫太空中一艘小小的宇宙飞船，人口和经济的无序增长迟早会使船内有限的资源耗尽，而生产和消费过程中排出的废料将使飞船污染，毒害船内的乘客，此时飞船会坠落，社会随之崩溃。鲍尔丁将经济系统分为两种类型，并分析说，作为人口极大增长的结果，人们必须把逍遥自在的"牛仔经济学"替换为限制自由的"宇宙飞船经济学"。鲍尔丁的这种新经济思想在当时具有相当的超前性，它促发了随后几年开始的关于资源与环境的国际经济研究，产生了很大的影响。

　　理论指出，避免"崩溃"的发生就必须改变当时的经济增长方式，从"消耗型"改为"生态型""循环型"，"开环式"改为"闭环式"。"宇宙飞船经济"把地球看作一个巨大的宇宙飞船，并且除飞船的能量需要依靠太阳供给，飞船中人类存活所需要的一切物质要靠完善的循环系统来满足。"宇宙飞船经济"也是根据这一生态系统的思想而提出的。这种想法基于地球自给自足的生态系统，地球在太阳的供给下进行着无尽的周期循环，形成自然循环规律，每一步都有其用途。地球的所有生命体都是通过这一循环系统孕育出的。宇宙飞船经济就是把这一生态学观念应用于人类社会的经济模式，要求人类按照生态学原理建造一个自给自足的、不产生污染的经济体系、生产体系、循环体系，它不是单纯的封闭式体系，而是封闭循环的经济体系，预想其内部具有完善的物质循环和更新的功能。"宇宙飞船经济"恰好可以对应"牧童经济"现象的解决方案。"牧童经济"的主要特点是大量地、迅速地消耗自然资源，盲目无限度地索取地球资源，从不考虑循环再生，同时造成废物大量累积，使环境污染日益严重；它是由追求高生产量（消耗自然资源）和高消费量（商品转化为污染物）导致的。这种现象曾使许多经济学家确信，这种经济模式无法维持长久，并且终究会给整个人类和地球带来毁灭性的灾难。不光是会耗尽地球能源，也会让地球与人类社会面临崩溃。

在"宇宙飞船经济"理论提出之后，英国环境经济学家戴维·皮尔斯（David Pearce）和凯利·特纳（Kerry Turner）于1990年《自然资源与环境经济学》一书中，首次提出"循环经济"这个术语，并逐渐在全球风行起来。这一理论也可以适用于服装行业的可持续发展。工业革命后的服装行业是一辆永不停歇、高速奔跑的列车，不断地消耗地球的各种资源以扩大整个产业。快速扩张导致服装行业成为自然资源浪费较多、二氧化碳排放量较多、污水排放量较多和行业废弃物较多的行业。服装行业造成的环境污染已升级为全球性问题。把"宇宙飞船经济"理论对应在服装行业，设计企划、面辅料选择、生产加工、销售、消费者使用与废弃、回收再利用，可以形成一个循环系统，设计师与生产者在产品开发的每个阶段考虑循环再利用的可能性，使产品的生命周期加长或延续。这一观念已经被服装行业所接纳，从回收卡车篷布的FREITAG，到回收再利用矿泉水瓶制作服装产品的添柏岚（Timberland）、之禾（ICICLE）、好瓶（HowBottle）等品牌。

二、增长极限论

增长极限论也称零增长论。这一理论是以第二次世界大战后资本主义经济增长所导致的人口增长、粮食短缺、资源消耗、环境污染等为代价而提出的。这一理论从经济增长引起人类生活的自然环境的变化的角度出发而得出极其具有警告性的结论。快速、盲目的经济增长把世界推向崩溃的边缘，人类社会的经济增长即将到达极限，这将导致今后的经济增长速度缓慢或是减退。与之而来的人口问题、粮食短缺问题、资源消耗问题、环境污染问题即将成为影响人类生存的关键性问题，用不了多久，地球就会毁灭，人类社会的末日将会来临。这种理论从生态平衡的角度提出了使经济增长率下降并保持为零的主张。十多个国家的三十几位学者共同提出了此理论，主要代表人物是美国麻省理工学院的教授麦多斯（D.L.Meadows）。学者们组建了学术组织，并在1972年写了一份《论人类困境》的报告，后以罗马俱乐部的名义编写了《增长的极限》并出版。书中指出，由于盲目追求经济增长，不断扩大城市面积、修道路、建设渠道等严重破坏了自然环境，占有了绿地与耕田，但人口在不断增加，这一矛盾现象无疑会导致粮食供应不足的问题。不断的资源消耗导致资源耗尽，不断的开发与发展对环境也造成了严重的污染，自然环境和生态破坏的速度加快，这些不仅会反过来影响粮食的生产，甚至会威胁到人类社会本身的生存。如今《增长的极限》中所提到的结果一个个应验。

　　人们认识到人类生存的地球极限性的存在，承认人口、资源、环境、生态等问题都关系到全球命运和人类前途，增强了人类的全球性意识，使全球性问题成为人类探索和研究的中心热点，联合国、各地区、各国的政府将可持续发展作为未来发展战略的重要部分去规划并实施。

麦多斯提出的避免人类崩溃的主要措施：

①在出生率和死亡率之间增加一个环路，使每年的出生婴儿数等于该年的预计死亡数，从而保持人口不变。

②在投资和折旧之间增加一个环路，使投资率等于折旧率，从而使工业资本保持不变，从而保持对立力量的平衡，达到"全球均衡状态"。

麦多斯还指出，为了保持持续的均衡状态，还需要有控制增长的技术政策：

①每一单位工业品的物资消耗量降到 1970 年价值的 1/4，以避免不能再生的资源的短缺。

②经济重点应从生产物质商品转移到增加学校、医院等服务设施上。

③污染降低到 1970 年数值的 1/4。

④为了提高按人口平均的食物量，要将资本投放在粮食生产上。

⑤农业资本应优先使用于增加土地肥力和水土保持。

⑥由于工业资本用于服务设施、粮食生产、资源回收和污染控制，工业资本存量将处于低水平上。为了抵消这种影响，工业资本的平均寿命就要增加，为此就要改善设计，以便使工业生产中的机器设备耐用、易修理和减少报废。

第三节　可持续时尚的发展现状

一、中国

中国在实现经济快速发展的同时，环境和社会各个领域的相关问题也层出不穷。中国历史上拥有非常多的天然染色技术和传统制造技术，但在经济发展过程中以制造业为中心实现了快速增长，不可避免地出现了可持续发展问题。因此，中国政府从 2011 年开始围绕环境问题制定政策，引导经济和社会朝着可持续的方向发展。时尚品牌也顺应这一基调，持续致力于保护环境。随着消费者对环境认识的提高，可持续品牌也随之出现。不仅如此，还举行了以环保为主题的服装设计大赛，通过新颖的创意赢得了社会的共鸣，并以此引导消费者改善认识。广东国际美容博览会是亚洲最大规模也是中国最古老的美容相关博览会，其 2013 年的关键词是"环保"，特别强调了具有环保可持续性的化妆品包装材料的重要性。但由于还处于成长阶段，生产阶段使用材料时，只能做环保材料的使用、化学物质的克制等基础性的努力，还没有建立起生产过程中的可持续性系统。虽然可持续性在亚洲市场上也成为重要话题，但与欧美相比，政府的实践努力和消费者认知还不完善。

二、韩国与日本

在时尚产业中，可持续性实践在欧洲比亚洲更为活跃。欧洲国家的可持续时装企业已经在规划、设计、生产、流通等阶段建立了体系，而亚洲只有少数几家时装企业认识到了可持续发展的重要性并付诸实践。海外国际品牌正以积极的、多方面的努力发展。韩国将可持续性视为绿色和环保，大部分韩国时尚品牌采用环保的方法来应对，对于更全面的可持续时尚的概念感到苦恼，而专家提出需要更高层次的接近可持续时尚。

1999 年由道琼斯和瑞士可持续资产管理公司（Sustainable Asset Management，SAM）联合提出的全球第一个可持续性指数——道琼斯可持续发展指数（Dow Jones Sustainability Indexes，DJSI），目前已成为全球投资者的一项参考指标，在全球 2500 多家公司中，其以经济、社会、环境成果和价值为标准，每年选拔可持续性评价前 10% 的企业。韩国生产性总部从 2010 年与美国的道琼斯联手，每年向 200 家上游集团提交可持续发展报告，并对其进行评估，选出道琼斯企业。这些道琼斯企业的治理结构、伦理经营、风险管理、环境绩效、人力资源管理、利益相关者参与、社会贡献、社会责任信息公开等共同项目和产业特性每年都会进行选拔。近年来，随着企业活动在社会和环境方面的影响日益突出，为未来一代构建可生存环境而创造的绿色企业以及保护自然环境的可持续发展经营变得更加重要。

据分析，对于时尚企业来说，应该开展反映顾客、伦理、环境这三个要素的可持续发展经营。韩国政府以低碳绿色增长为旗帜，设立了总统直属机关绿色增长委员会，以环境与发展相协调的可持续新增长动力为目标，进行了多方面的努力。此外，仁川松岛国际新城将在政治、经济、产业等全部门努力下，尽量减少因地球村气候变化而造成的损失，将与世界上第三大资金规模的联合国绿色气候基金（Green Climate Fund）事务局进行合作。

国际时尚企业早在十年前就开始发布可持续增长报告，而韩国的时尚行业还没有引入"可持续增长可能性"的概念，只是停留在选材和营销手段等第一阶段。因此，韩国政府与时尚企业需要认识到其重要性，并从政策阶段开展可持续发展项目。韩国时尚企业也需要从增强整体竞争力的角度出发，制定新的从生产、销售、营销到环境和企业社会责任的战略和具体实施，为可持续发展做出积极努力。

纵观韩国可持续发展的团体和协会，首先，产业通商资源部和大韩商议可持续经营院为了帮助国内企业实施可持续经营，提供社会贡献、社会责任投资、社会企业等多种主题的信息，建立了可持续发展经营门户网站。这家可持续发展经营门户网站不仅提供了与企业社会责任相关的全新信息，还提供了 ISO 26000 和 GRI。为了有助于增强企业对诸如整合报告等可持续经营相关国际标准的应对能力，还通过社交媒体与各种利益相关者共享信息，建立双向沟通的网络空间，努力推进可持续经营的扩散。另外，韩国纤维素材研究所建立了绿色针织研究中心，为服装企业提供有益的信息和技术传授等生产支援。韩国纤维产业联合会正在进行韩国型纤维产品"环保标签"项目，计划与国内试验研究所共同制定对纤维产品的安全性和环保性具有公信力的韩国型认证系统。这将为韩国型纤维产品的安全性和有害性评价提供标准，为纤维产品的材料生产、加工以及产品的制造、流通和废弃等全过程提供合理客观的验证标准。还计划通过中日韩三国纤维产业合作会议，制定共同认证体系，发展成为亚洲的代表认证品牌。因此，韩国时尚从仅限于产品开发和营销的环保事业扩大到展示性经营模式，向"量化的环保经营"进化。

由于频繁遭受自然灾害，日本政府方面早早就认识到了环境问题的重要性，并出台了各方面的政策，因此不仅企业，国民也高度关注可持续性问题。另外，日本也认识到了为了克服天然资源不足而采用的节能技术或循环利用相关技术的重要性，并持续对此进行研究。据日本效率协会综合研究所预测，到 2025 年，日本的环境商业市场规模将增长到约 68 万亿日元。日本在可持续发展方面的努力还包括与周边亚洲国家的合作，特别是在水质管理、制造业节能、废弃物处理等领域进行重点合作。

三、欧洲

如果说消费者在追求个人安全和幸福的意义上的主张是自然亲和的生活的话，那么进入 20 世纪以来，企业的社会责任就成为了关注点。例如，企业是否认可劳动的价值，支付正当的工资，使用以绿色生产为焦点的公平贸易交易的原料；生产系统是否在不破坏环境的情况下节约用水和电能，是否使用毒性化合物，以避免破坏生态系统；企业是否从节约资源的角度考虑产品在销售后是否可以再利用，以及在为了保护动物的权利而不进行动物实验等方面做出努力。最重要的是，消费者和企业，也就是人类社会，为了可持续发展是否试图进行新的环境创新，为下一代留下一个保存较好的地球环境。

目前，以时尚发达国家英国、意大利等地为中心展开了广泛的讨论和实践。像 M&S 这样的欧洲大型服装企业重视伦理采购，可持续服装联盟（Sustainable Apparel Coalition，SAC）、可持续时尚合作计划（Sustainable Clothing Action Plan，SCAP）等正在积极开展全球小企业运动和供应行业运动。

世界性环境团体绿色和平组织劝告时尚业界积极参与"排毒"活

动，并在 2014 年 2 月的米兰时装秀的绿色时装秀场上呼吁全世界消费者认识可持续发展问题。为了实施可持续时尚，世界著名时装展主办方和团体的活动也非常活跃。伦敦时装周聚集了环境可持续性单品，因尝试美学部分（Esthetica Section）而备受关注，米兰时装展也举办白色的米兰（White in Miran）等活动。时尚界在可持续发展方面的动作不断。

欧洲非营利组织道德时尚论坛（Ethical Fashion Forum）发文"伦理时尚是对地区和社会最有益的，是对环境破坏影响最小的服装设计和采购、生产的方法"。他们尝试利用研讨会和各种教育、相关报告出版、活动、产学联系程序，为最符合自己规定的商品发放标签和证明。英国的 People Tree，拥有世界级的分支机构网络，积极鼓励使用有机棉，是呼吁公平贸易实践的世界性非营利组织，经营着自己的零售店，展示着环保时尚。世界著名服装设计师维维安·韦斯特伍德（Vivian Westwood）从 2010 年开始持续展现"伦理时尚非洲"的概念。她把一部分产品生产交给肯尼亚的妇女们，并支付其生产工资，用由此产生的利润来救济未婚妈妈、艾滋病患者和特困阶层的妇女，形成社会连带感。

NICE（Nordic Initiative Clean and Ethical）是北欧时装公司的合作伙伴，由北欧时尚联合会主导运营，以世界时尚业界为主要对象。NICE的主要目标是提升时尚界对责任感和可持续经营方式的认识，对新的高级信息的传播和相关人员的知识掌握也是 NICE 的主要目标，因此 NICE还开展向参与者提供高级知识、网络和最新信息的教育活动。作为联合国全球合作伙伴最早提出了时尚纤维产业特化计划，因为时尚纤维产业在社会和环境方面面临着重要的问题。不仅如此，丹麦时装协会和北欧合作伙伴代表的时装产业与联合国之间的强劲合作，将成为世界经济中比重最大的时装产业，迈向更可持续的未来。每年5月举行的"哥本哈根时尚峰会"是世界上关于时尚行业可持续性的最大和最重要的会谈。该峰会由丹麦时尚协会主办，各时尚企业、专家及政界人士聚集讨论，旨在解决世界社会面临的可持续性挑战问题，以采用新的经济模式为基础，成功地发展了时尚行业。

四、北美洲

北美是在政府层面上开发可持续发展指标，为可持续发展进行努力。以美国为例，在可持续发展委员会（President's Council on Sustainable Development，PCSD）的主导下，通过可持续发展指标相关部门工作组制定可持续发展战略，是在政府层面开发引导企业主动参与可持续发展。美国哥伦比亚大学教授杰弗里·赫尔（Geoffrey Heal）表示："2008年，在美国接受可持续咨询专业管理的企业资金中，每9美元中就有1美元是为了承担社会责任而投资的。"企业慈善促进委员会（Committee Encouring Corporate Philanthproy）表示，通过战略激励参与可持续性发展的企业比例从2004年的38%增加至2006年的48%。不仅如此，在美国主要经济杂志《华尔街日报》和《经济学人》上，关于可持续性的话题被认为是非常敏感的话题。美国部分城市实施"绿色经营领导"计划，作为 2013 年城市发展可持续性活动的一环。这鼓励地区内 100 多家企业积极参与和合作可持续发展活动。这种国家性的行动将可持续性理解为综合性的意义，重点在于实现可持续性的真正意义，即帮助所有产业而不仅仅是特定领域的积极参与。美国在时尚产业领域也展开了活跃的活动。美国代表性时装学院（Parsons the New School for Design）、纽约服装技术学院（Fashion Institute of Technology）开设了可持续性课程，通过对可穿戴的环保时尚进行教育宣传，努力将可持续性的意义大众化。作为世界四大时装收藏城市之一的纽约，在时装周期间举办绿色环保、循环的时装秀（*The Green Show*）。

第二章
可持续时尚的维度与标准

第一节　可持续时尚的四个维度

　　可持续时尚是考虑环境保护、经济增长、社会贡献、人类福祉和未来发展及文化价值的时尚。是一种在生产时尚产品的过程中考虑伦理和社会方面，为环境的可持续性和下一代的发展考虑的理念与行动准则。可持续时尚包含四个维度，即环境、社会、经济和文化。

一、可持续时尚的环境维度

（一）环保材料

　　从大自然中提取，又可以重新回归自然的代表性环保时尚材料是有机棉。有机棉在制作棉纱和棉成品的过程中，也可以不使用农药、染色漂白剂等化学药剂。如果使用棉球脱落后再收割的自然方法，与普通机器收割棉相比，虽然有收获时期晚、产量低的缺点，但其优点是完全检测不到环境有害物质。因为不使用任何化学药品进行脱色和漂白，所以会出现米黄色、绿色等颜色。用这种有机棉制成的衣服不进行加工，洗涤时可能会有轻微收缩或斑点等残留，也可能会因洗涤或阳光等而变色。各国为了有机棉的普及与标准化实行了一系列的政策与法规。美国实行有机贸易协会（Organic Trade Association，OTA）的标准化有机棉的制作过程；欧洲通过 Skyl 和 Oeko-Tex Standard 100 认证环保产品；日本在 1990 年成立了日本有机棉协会（Japan Organic Cotton Association），并颁发了证书。其他环保材料有大豆纤维和竹子纤维，海藻纤维和纸纤维，椰子纤维等，最近开始开发使用以玉米淀粉为原料的纤维。

环保时尚（Eco Fashion）指的是使用环保材料制作服装，意思是"考虑到环境的时尚"，最近使用环保产品的行为也被包含在环保时尚中。例如，加入"我不是塑料袋"（I'm not A Plastic Bag）字样的帆布包，虽然在著名艺人使用的时候第一次受到关注，但其以环保的概念主导了帆布包的流行。以限量版制作的 5 磅帆布包每次上市都会脱销，成为引领绿色设计的单品。

就连产品的生产过程也要环保的"有机"，意味着真正与自然共存的决心和努力，服装品牌正在积极参与这样的社会动向。例如，在纽约大型购物商场中随处可见的 100% 有机棉牛仔品牌和牛仔水洗的过程中坚持用传统方法的具有环保概念的时尚品牌。不仅如此，还有 Philip Lim 的有机棉服装、Lutz & Patmos 的有机针织系列、瑞格布恩（Rag &

Bone）的有机棉礼服和 Goyard 的环保染色包等。英国时尚设计师斯特拉·妮娜·麦卡特尼（Stella Nina McCartney），一个动物爱好者和素食主义者，以完全不使用动物的皮和毛而闻名。她每个季度都使用环保材料和环保技法，是对全世界环保趋势产生巨大影响的人物。她在服装秀中没有裁剪布料，而是采用了减少衣服缝合线的"折"方式，展示了将面料浪费最小化的方法，还使用了染色过程中少用水的低影响（Low Impact）方法。法国皮包品牌 Jerome Dreyfuss 也是环保服装的领先者，它根据保护自然、尊重人类的工作原则生产产品。它采用"农业"（Agriculture）的制作方式，利用在野生环境中自由生长的动物的皮革和最低限度的化学产品以及回收再利用的水加工皮革。Salvatore Ferragamo 也不断推出环保产品，如只使用天然材料、用环保方法制作的包。这家香包品牌制作全过程都得到了德国环境机构的认证，因此价格很高，但对豪华品牌可持续发展的挑战值得高度赞扬。

（二）资源保护

1. 循环再利用（RECYCLE）

循环再利用的意思是指将用完或扔掉的物品重新使用，或在生产新产品时作为原料再生使用，再利用废弃的废物等，重新节约资源，防止环境污染。

最具代表性的可回收服装设计师是来自比利时的马丁·马吉埃拉（Martin Margiela），其推出了"循环时尚"（Recycle Fashion）的新造词，展示了震撼的作品。用旧袜子制作的套头衫、裙子制作的春季夹克等，各种可回收材料和开衫混合制作出了令人惊讶的独特产品。之后也通过 Artisanal Collection 持续收集世界各地的服装和可回收品，展现了创新的设计。再造衣银行（Reclothing Bank）收集旧衣服改造成全新的商品，并且开启了旧衣改造私人定制服务，使更多消费者参与其中。From Somewhere 是根据在英国活动的 Orsola de Castor 和 Fillippo Ricci 于 1997 年创立的品牌，利用不能用作成衣面料的面料样本和裁剪后剩下的面料等来制作服装。另外，休闲鞋品牌克罗克斯最近生产出了环保的"海洋心"（Ocean Mind）系列产品。就像品牌名称中的意思一样，把环境放在第一位，把制作产品的全过程以环保的生产工艺进行，并且材料是利用旧橡胶、分离回收的塑料瓶、毛织物等再利用的材料，也可以再利用克罗克斯独有的克罗斯莱特材料。其特点是为了最大限度地减少对环境的影响，使用无化学用品的皮革的制造工艺。除此之外，韩国品牌集合店"美丽的店铺"里推出循环设计品牌，革新了创业者和设计师的思维。

2. 再使用（RE-USE）

再使用是指将曾经使用过的产品或材料原封不动地再使用。虽然感觉和再利用相似，但有明显的区别。再利用是将材料或产品加工后再利用的方法，但是再使用是完全不加工，按照原样使用。虽然评估的价值低于下面要说明的生命周期的产品，但这显然是可持续发展的环境方面非常重要的方法之一。

3. 升级再造（UPCYCLE）

"UPCYCLE"一词从"赋予旧产品更多价值"的定义开始。如果说生命周期可以按照产品本身的性质重新使用的话，那么生命周期就意味着对可回收产品进行美学设计的价值，使其成为高附加值的产品。因此，将废弃的材料资源或无用的产品重新生成有价值的新产品，可以说是对再利用的概念进行了新的扩展解释。

UPCYCLE 作为一个超越单纯回收再利用的概念，符合可持续性这一时代话题，具有很高的商业性，并以美国、欧洲为中心扩大市场性。因为 UPCYCLE 的产品被认为在可回收产品中增加了设计价值，所以比一般的新产品定价更高。Re；Code 是韩国代表性的 UPCYCLE 品牌，由将过时的库存产品作为素材使用的"库存系列"和在部队不使用、废弃的素材的"军用系列"，以及使用汽车废品的"室内系列"三个系列组成。"库存系列"是利用西装、衬衫、运动服装和帐篷等多种材料，经过拆卸和重新组装的过程制作而成的。"其特点是，蕴含着各个设计师的感性，既高贵又有独特个性的设计。""军用系列"是将军队使用后，即将被丢弃或烧毁的服装、军队帐篷，作为使用降落伞等军品和面料制作的系列，使用了军队使用的、经过验证的材料，所以耐久性很好。军装固有的色彩感和复古的感觉，突出了有趣的细节。"室内系列"利用汽车的气囊等车辆零部件及内部用品固有的花纹或印花、线条，展现出个性和感性的设计。

4. 长期周期循环（Long-term Cycle）

由于最近对环境的热议，快时尚的快速旋转被认为是制造服装垃圾的罪魁祸首，因此慢时尚备受关注。慢时尚意味着对流行不敏感，并且环保的时装。其目的在于生产与流行趋势无关，可以长期使用的产品。认为制造不易耗损和废弃的产品是减少越来越多的服装垃圾量的方法之一，现在很多品牌都参与其中。例如，拥有 120 年历史和传统的英国品牌 Barbour。Barbour 在经典的单品上只改变了颜色和图案，不会过时。代表性单品蜡制夹克（Wax Jacket）不需要另外清洗，只需再涂上专用蜡就可以延长产品的寿命，因此在英国，很多情况下都是家族代代相传。这种现象会使产品本身的生命周期自然延长，最终实现环境和资源保护。

（三）全过程管理

全过程管理是指对生产过程中可能产生的环境破坏性问题进行最小化的努力，即绿色生产过程管理。也就是说，从开发产品的构思阶段开始，到对原料物质的生产阶段，产品的设计、制造（生产）、运输、使用、废弃或再利用的所有阶段，都要考虑环境因素。为了有效地实现全程管理，在经营和产品开发之间需要一个环境纽带。

（四）气候变化

由于科学的发展、工业化和资源的盲目使用，环境正逐渐失去其自生能力。对此，全世界都意识到了环境污染的严重性，正在努力寻找主要原因并解决其主要问题，时尚业界也不例外。特别是二氧化碳的排放，其是影响气候变化的最大因素，是导致全球变暖的罪魁祸首。为了抑制在材料生产和产品制造过程中产生二氧化碳，世界各国的大型流通卖场都在阶段性地义务贴上碳标签。碳足迹（Carbon Footprint）是指个人或团体、产品等直接或间接产生的温室气体总量，碳标签上标明了原料采集、生产、流通、使用、废弃等产品全过程中的碳排放量。

二、可持续时尚的社会维度

（一）人权保护 / 公平劳动

虽然全世界每年消费 1 万亿美元的衣服，但工人们却得到了不到 3% 的工资。很难否认，大部分流通的服装都是在劳动者权利缺失的情况下制造的。最近在 PRIMARK 购买的服装洗涤标签上写道："被强迫工作到筋疲力尽。"这样的信息被发现时，给人带来了巨大的冲击。消费者可以通过向生产产品的劳动者购买有价值、负社会责任的时尚产品的方式，使企业有义务和责任尊重劳动者，保护劳动者的人权，从而产生积极的变化。

（二）社会贡献 / 社会道德实践 / 捐赠活动

社会贡献以一种以超越潮流的文化为基础的活动在全球时尚企业中成为延续社会责任的活跃活动，并且许多企业为了环境保护而改变生产流程，或者进行引导消费者参与并完成分享的项目等。

宝格丽（BVLGARI）作为一个名品品牌，在环境保护方面更进一步，支持儿童公益活动。2010年，为纪念成立125周年，宝格丽赞助了由世界100多个国家加入的国际儿童权利机构"重新书写儿童的未来"活动，该活动使许多儿童获得优质教育、重建学校和资助学习用品，并且从虐待和剥削中得到了保护。宝格丽制作了印有创始人的名字和保护孩子（Save the Children）标志的银戒指，该戒指在全球保加利卖场和保加利美国网站等处以约40万韩元的价格销售，其中20%的收益通过赞助金传达。爱马仕（HERMÈS）为支持印度恶劣的教育环境而推出的"奥弗兰登祖"围巾，以从印度传统艺术中获得灵感的印花为特征，收益捐给了印度的贫困儿童教育援助慈善机构——儿童权利与您（Child Rights and You，CRY）。万宝龙（MONTBLANC）认识到全球文盲率的严重性，并从多方面给予支持。从2004年开始，每年都会赞助联合国儿童基金会的儿童教育事业和扫盲项目，特别是"以爱为铭"（Signature for Good）活动，其是支持儿童基本权利、基础教育计划的活动。组成的捐款将转交给联合国儿童基金会。

三、可持续时尚的经济维度

可持续性实践需要利润的生成，即经济收益性。但是，不只是数量上的增长，实现质量上的增长的经济利益和价值可以通过实践其他所有维度的可持续性而获得。

（一）经营和技术创新

发明新材料或技术革新或企业经营和生产流程的效率化都属于经济可持续性范畴。作为技术革新的例子，日本的纤维企业帝人（Teijin）通过名为"生态圈"（Eco Circle）的涤纶服装回收系统，成功开发了利用再生纤维生产和聚对苯二甲酸乙二醇酯（Polyethylene Terephthalate，PET）瓶回收涤纶原丝的技术。

（二）企业透明性

在可持续发展的目标下，企业对环境、社会、经济影响的透明性已成为必不可少的因素。随着各种利益相关者信息公开要求的扩大，企业的各种活动对利益相关者的可持续性影响和经营方式通过"可持续经营报告书"公开。在这份报告中，不仅要对企业的成果负责任，而且要平衡正面内容和负面影响，合理、及时、准确地刊发。

（三）公平贸易

公平贸易是将相对贫穷国家生产者制造的环保产品以公平的价格直接交易的消费者运动。与选择廉价生产的生产地，获得高额利润，只追求时尚设计的一般贸易不同，它为需要工作的人提供工作机会，并考虑适合他们的环境、资源和技术。它以支付正当代价和提供公平的直销渠道、环保产品品种和安全的工作环境以及禁止童工等为基本，强烈批评跨国公司对第三世界的剥削。

以美国为例，从咖啡和可可等开始的公平贸易运动正在扩散到服装领域。同时，全球服装企业成立了"可持续服装联盟"，并引入了希格指数（Higg Index）。希格指数是指从原料加工，流通和消费到废弃，在产品的全过程中发生的环保活动的数值，最近将社会、劳动指数包括在内进行计算。如果广泛运用希格指数，从产品的生产过程到整个循环过程，都有可能发展成为绿色和宣传可持续发展的产业指数。具有通过自发的形式进行可持续性生产和可持续消费的公正社会系统的建立，被认为是当今必需的时代精神。

People Tree 是目前为止最成功的公平贸易时尚品牌，与 20 个低度开发国家的 70 多个集团合作，为人们提供技术和工作机会。People Tree 的产品在尼泊尔、印度、孟加拉国等地 100% 通过有机棉和天然染色，通过手工制作而成，使用环保原料和环保的加工工艺，展现了可持续时尚的典范。另外，通过向劳动者支付正当的工资，也为低收入国家的劳动者提供了生活的希望和基础。

（四）社区经济贡献

社区经济贡献这一实践范畴可以用可持续企业家 Edun 的事例来说明。Edun 是一个在时尚界产品的品质和设计颇受认可的、为了给非洲等地的人们创造更好的生活，在非洲和南美等地开展了可持续性生产过程的可持续品牌。成立至今，肯尼亚、突尼斯、坦桑尼亚、马达加斯加、摩洛哥、乌干达等多个发展中国家生产和流通的 85% 左右的服装受到了集中关注。与其他多数企业不同，他们拒绝对发展中国家进行单纯的捐赠，并努力通过可持续时尚商业这一经济活动，使第三世界的公民和社区能够自立。

四、可持续时尚的文化维度

"文化可持续性"一词始于 2001 年联合国教科文组织的世界文化多样性宣言中："正如自然中生物多样性很重要一样，人类也需要文化多样性"。文化多样性不是单纯的文化增长，而是为了达到更令人满意的水平而提出的认知、情感、伦理和精神生活的一种方法。文化的可持续性是指维持所有形态的文化资产的开发过程，是具有相生与和谐、多元文化认同、多种种族尊重等实践范畴的可持续性的第四个领域。虽然是比环境、社会和经济维度可持续性提出时期较晚的概念，但已发展成为非常重要的可持续经营标准。

　　文化可持续企业的一个例子就是贝纳通（Benetton）。从创立初期开始，贝纳通集团就将时尚解读为"所有种族的年轻人共同生活的世界性共同体"，并称这种以世界变化的速度传播的时尚跨越了政治、地域和观念上的障碍。贝纳通通过循环利用和节能等环境可持续实践以及教育活动实现社会可持续实践，尊重多种族和多元文化，重视共存和和谐的文化可持续性。为了将时尚产业中的可持续性扩展到文化领域，有必要理解文化可持续性的重要性并付诸实践。因为这才是时尚产业作为更有价值的产业发展可持续性的最佳方法。

第二节　可持续时尚的参考标准

时尚行业，包括设计企划、纺织面料、生产加工和销售，以及消费者使用和使用后废弃等阶段。然而在现实中，时尚行业带来的环境和社会问题非常严重，从大量生产造成的资源消耗和产品生产过程中产生的污染问题，到工人的不公正待遇和童工等问题，再到消费者使用后废弃的时装垃圾问题。所以，有必要超越传统的模式、创造有利于环境和社会的观点和方法，成为未来可持续发展的起点和方向。

一些企业为了给消费者创造积极的品牌形象，夸张商品的可持续性信息，这导致消费者的困惑和不信赖。大部分消费者无法验证所购买商品的可持续性，因为可持续时尚的专业和技术的复杂性、不正确的概念解释、含糊的信息和可疑的产品声明在很大程度上让消费者在选择商品时感到困惑。所以，需要用易懂的语言解释可持续时尚商品的属性与技术特点。此外，需要可持续商品辨认标准和权威机构颁发的可视化认证标签。

认证标签是由公共或私人组织授予生产者，以使他们向消费者提供信息。它使消费者在类似商品中辨别出可信的可持续性商品，旨在鼓励可持续性商品生产者，让可持续性商品更有竞争力。认证标签的核心功能是它提供有用和可靠的信息，帮助消费者选择他们想要的产品。最近的一项研究发现，消费者的态度和购买意向取决于标签上是否有有机食品或公平贸易信息。其中43%的消费者在购买产品时对标签的道德信息感兴趣，了解标签用途的消费者表现出更积极的态度或购买意愿。

可持续时尚参考标准有很多种，其中普遍被使用的是全球回收标准（Global Recycle Standard，GRS），进一步值得我们关注的是全球报告倡议组织（The Global Reporting Initiative）发布的可持续指南（GRI）和希格指数。

一、GRS

GRS是纺织品服装全球回收标准的简称，是以自愿的形式申请的比较完整的国际性产品标准，规定了对回收内容的第三方认证、托管链、社会和环境实践以及化学限制的要求。GRS的目标是增加在产品中使用回收材料，并减少/消除其生产所造成的危害。国际认可的GRS范围包括，纺织产品中再造纤维的含量、金属制品中回收金属的含量、塑胶制品中再造塑胶的含量、纸制品中再生纸的含量。

GRS 的目的是定义跨多个类别的应用标准，可追踪和追踪再生材料。也是为消费者（品牌和最终消费者）提供做出明智决策的工具，减少生产对人类和环境的有害影响，保证最终产品中的材料实际上是可循环再利用和可持续性的，最终推动创新，解决使用再生材料的质量问题。

GRS 适用于任何含有至少 20% 回收材料的产品。生产相关的每一个环节都需要认证，从回收阶段开始，到最终企业对企业交易的最后一个卖家结束。例如，如果 A 公司要申请 GRS 认证，那么 A 的供应商也应有 GRS 认证证书，在进行 GRS 认证时，其供应商应该提供 GRS 证书和 TC（除产业链最源头的工厂，例如：原材料为瓶片的工厂）。GRS 还明确归类消费前再生材料和消费后再生材料，消费前再生材料是在制造过程中从废物流中转移出的材料，如返工、再研磨或在加工中产生并且在同一加工过程中会被重新使用的残余料。即不经过消费者消费的再回收利用的材料。消费后再生材料是由家庭或商业、工业和机构设施作为最终产品用户产生的、不能再用于其预期用途的材料，包括从分销链中回收的材料。即由消费者消费后再回收利用的材料。

二、GRI

GRI 是由全球报告倡议组织发布的可持续指南，GRI 被认为是在全球传播最为广泛的企业社会责任框架。

全球报告倡议组织是非营利组织，于 1997 年成立于波士顿，是由美国非营利组织环境经济责任联盟（The Coalition for Environmentally Responsible Economics）、联合国环境规划署（The UN Environment Programme）和特勒斯协会（The Tellus Institute）三者共同发起并创立的。全球报告倡议组织于 2013 年 5 月发布第四版指南 GRI 4.0（简称 G4），G4 是现在被各企业执行最广泛的执行标准。GRI 内容涉及经济、社会和环境三方面内容，为企业发布可持续报告提供模板，也为其提供评估工具。在极短时间内，GRI 就得到了社会各界的认可，认为其具有极高可信度。

G4 包含两个文件，分别是《报告原则和标准》和《实施手册》。《报告原则和标准》中有三大类指标，分为经济、环境和社会，按照其说明的具体内容，时尚企业以此作为参考准则，进行评估与整改。

三、希格指数

希格指数是由可持续服装联盟开发的一套工具，使品牌、零售商和时尚行业各种规模的设施，在其可持续发展旅程的每个阶段对一个公司或产品的可持续发展表现准确地衡量和评分。希格指数提供了一个整体的概述，使企业能够做出有意义的改善，以保护工厂工人、当地社区和环境。希格指数是美国可持续服装联盟（SAC）开发的线上自我评估工具，SAC是由一些知名的服装品牌公司、美国环境保护署及其他非营利组织组成的。希格指数是服装行业实施可持续发展时所需的一个指标性的基础工具，其可使企业能够对设计、原材料、生产加工、废弃等流程对环境和社会的影响进行评估。同时希格指数也是一套创新性的企业自我评估的工具，可以帮助组织规范整个供应链中品牌、产品和工厂等各级可持续发展指数的衡量和评估，让组织快速学习与识别可持续发展的知识与改进方法；也可以成为利益相关者之间协同参与、合作、改进的起点与评估工具。

希格指数由产品工具（Product Tool）、设施工具（Facility Tool）、品牌与零售工具（Brand & Retailing Tool）三个部分组成，如图2-1所示。

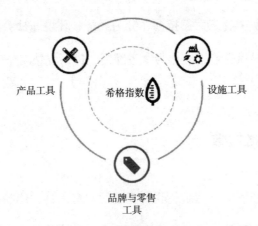

图2-1　希格指数工具种类

（一）产品工具

产品工具是为了在产品开发的每个阶段做出更好的选择。从设计师为你最喜欢的 T 恤选择的材料，到染旧牛仔裤所用的水量。希格产品工具评估产品对环境可持续性的影响有两种工具，即希格材料可持续性指数（Higg MSI）和希格产品可持续性指数模块（Higg PM）。这些工具使设计师、品牌、零售商和制造商能够在生命周期的视角评估数据以做出明智的决定，创造更可持续的产品。希格产品工具评估 5 种环境影响，包括全球变暖威胁、水体营养污染（富营养化）、缺水、化石燃料的消耗和化学污染。Higg MSI 是服装行业最值得信赖的工具，用来衡量和评分材料的环境影响。服装、鞋类和纺织行业的设计师和产品开发人员可以使用 Higg MSI 来评估和比较不同材料（如棉花、聚酯和皮革）的影响，以生产更可持续性的产品。Higg MSI 使用来自行业和生命周期评估数据库的数据来计算环境影响，并将其转化为可比的 Higg MSI 分数。Higg MSI 可以计算出数百万种材料在制造过程中可能造成的影响。

（二）设施工具

设施工具是对设施的社会和环境影响进行标准化测量。服装、鞋类和纺织品的生产在世界各地的数千家工厂进行。每个设施在整个行业的可持续发展中都发挥着关键作用。希格工具提供标准化的社会和环境评估，促进价值链合作伙伴之间的有效沟通，以改善全球价值链每个阶段的社会和环境的可持续发展。另外，还包括希格设施环境模块（Higg FEM）。时尚行业生产和消费服装的环境成本很高。制造一条普通的牛仔裤需要将近 2000 加仑的水和 400 兆焦的能源。一旦购买了同一条牛仔裤，在其整个寿命的保养过程中会释放出 30 多公斤的二氧化碳。这相当于一辆车开了 125 千米。Higg FEM 向制造商、品牌和零售商通报其每个设施的环境影响，使它们能够规模化地改善设施，实现可持续发展。Higg FEM 为时尚行业的设施提供了一幅清晰的环境影响分析图。它可以帮助他们识别和确定优先提高性能的机会。Higg FEM 主要评估环境管理系统、能源使用和温室气体排放、水源利用、废水排放、废气排放至空气（如适用）、废物管理和化学物质管理。

（三）品牌与零售工具

品牌与零售工具致力于保护人类和地球。各种规模的企业都可以使用希格品牌与零售模块（Higg BRM）来衡量其价值链的环境和社会影响。从材料采购到产品的最终使用，Higg BRM 评估公司运营过程中在产品生命周期的以下阶段，识别可持续发展的风险和影响：供应链管理系统，产品性质，供应链，产品包装，产品使用和使用后废弃，零售商店，办公室，产品运输，配送中心，连接价值链伙伴。通过使用 Higg BRM，尽责的企业可以跟踪、衡量并与价值链中的合作伙伴、消费者、投资者和其他关键利益相关者分享企业的可持续发展进展。该评估由行业开发，可帮助品牌和零售商建立并维持强大的企业社会责任战略和实践，以增进工人和地球的福祉。消费者越来越好奇他们的衣服是在哪里以及如何制作的。他们希望用自己的消费支持反映自己价值观的服装和鞋子。消费者希望支持那些在社会和环境上实施可持续发展且商业行为透明的品牌和零售商。Higg BRM 提供了实现价值链可持续性的整体图景。这有助于品牌和零售商创建、调整企业责任战略并将其嵌入部门运营中。Higg BRM 评估了 11 种环境影响，即动物福利、生物多样性 / 土地利用 / 栖息地的丧失、森林砍伐、能源 / 燃料使用（或化石燃料消耗）、温室气体（Greenhouse Gases，GHG）排放、空气排放 / 空气污染（非温室气体）、固体废物、危险废物、化学危险品 / 管理、用水 / 缺水和废水 / 水污染 / 富营养化。Higg BRM 使品牌和零售商能够创建更强大的企业社会责任战略，改善从产品开发到产品使用的整个价值链上的员工福祉。通过优先考虑员工福祉，企业支持当地社区，支持女性在职场。Higg BRM 评估了 16 种社会影响，即强迫劳动或贩卖人口，童工，工资和福利，工作时间，结社自由和集体谈判自由，健康和安全，获得水和卫生设施，体面的工作，歧视、骚扰和虐待，性骚扰和性别暴力，贿赂和腐败，健康权，隐私权，人身安全的权利，少数民族和社区的权利，土地权利。

希格指数可使企业能够在环境和产品的设计选择范围内对原料类型、制品、生产工厂和工艺流程进行评估。已有全球超过 8000 家制造商和 150 个品牌使用可持续发展报告的标准工具，它排除了重复自我评估的需要，并有助于找出改善可持续性问题的机会。

【希格指数使用案例】

1. 萨洛蒙（Salomon）

（1）萨洛蒙的品牌协作

萨洛蒙是 1947 年创建于法国阿尔卑斯山脉中心地带的国际户外运动品牌，设计制造各类顶级专业服饰，主要有鞋类、服装、背包及各类滑雪器材。产品的设计实现了革命的创新理念，发掘了产品潜在性能，突破了行业极限。滑雪系列产品是萨洛蒙最核心的产品线，是多位奥运冠军的首选产品。

在对户外运动的热爱和强烈的社会意识的驱动下，法国运动服装品牌萨洛蒙选择了一条通往可持续发展的道路，并希望以此激励行业乃至全世界的可持续发展。萨洛蒙是可持续服装联盟（SAC）的品牌成员，总部位于法国安纳西，主要生产高性能的户外运动装备、服装和鞋类。萨洛蒙的母公司亚玛芬（Amer Sports）也是 SAC 的成员之一。萨洛蒙的使命是鼓励人们走到户外，以对地球负责任的态度与生态环境联系在一起，共同致力于可持续发展。从 2016 年开始，萨洛蒙公司开始使用 Higg FEM 评估鞋类生产环境的可持续发展指标，这是该公司最大的产品类别。在过去的三年中，萨洛蒙在中国、越南、柬埔寨和印度的所有一级成品制造商都发布并分享了经过验证的 Higg FEM 评估结果。自 2016 年以来，萨洛蒙一直使用希格指数，致力于在价值链中与合作伙伴进行更深入的合作。尽管与全球供应商接触存在一定的困难，但 64% 的萨洛蒙二级制造商完成了 Higg FEM，并分享了他们的成果，使其成为 SAC 成员的领导级别。二级制造商包括纺织厂、染厂、制革厂、独家制造商和包装供应商等。在产品层面，萨洛蒙公司计划到 2020 年将与 80% 的二级供应商合作，到 2021 年与 100% 的二级供应商合作。萨洛蒙公司使用 Higg MSI 来追踪鞋类原材料的影响。到目前为止，萨洛蒙已经在该系统中输入了超过 750 种材料，占计划包含的所有材料的 54%。

（2）萨洛蒙透明的伙伴关系

服装供应链是复杂的全球网络，由许多类型的制造商组成。一双鞋在进入商店并进入消费者手中之前，可能要经过 5 个不同国家的 7 个不同工厂。追踪和管理所有设施的不同影响是困难的，但萨洛蒙已经找到了一种方法来打破这些障碍，并与全球价值链合作伙伴建立了强大的组织。自成立以来，萨洛蒙在商业的各个方面都培养了一种家庭意识。每隔一年，该公司就会邀请全球所有的供应商和工厂参加在法国阿尔卑斯山总部举行的峰会。萨洛蒙使用希格指数建立了透明的合作关系，并且长期与合作商维持家族关系，共同实现可持续发展。希格指数中的标准化工具使萨洛蒙和合作商能够用相同的专业用语去沟通，并且保持每个环节的透明。来自希格指数的通用词汇帮助萨洛蒙改善了与供应商的沟通，使他们能够年复一年地为提高性能而共同努力。因此，萨洛蒙与供应商之间有一种真正的伙伴关系。

凭借强大而透明的关系，萨洛蒙与供应商以平等的伙伴关系合作，推动整个供应链的可持续变革。萨洛蒙公司希望时尚行业能够继续采用希格指数，以便各品牌能够向消费者提供值得信赖的产品与信息。2019 年 4 月，萨洛蒙公司启动了一项关于环保意识的项目（Play Minded Program），通过轻松的环保意识概念，让员工和价值链合作伙伴了解可持续发展和社会责任。该项目包括四大支柱，即产品（Mind the toys）、生产产品的人（Mind the play makers）、体育社区（Mind the players）和自然环境（Mind the playground），涵盖了萨洛蒙公司 2025 年的 9 个目标。例如，根据 2018 年联合国气候行动时尚部分的发言，萨洛蒙承诺到 2025 年减少 30% 的温室气体排放。它将能够利用 Higg FEM 跟踪这一雄心勃勃的目标的进展。萨洛蒙公司的户外精神和家庭价值观渗透到公司的各个方面。该项环保意识项目是一项有意识的努力，使每个人都能享有可持续性和社会责任。该项目鼓励参与者每天采取一些小措施来实施保护环境，支持户外运动爱好者。通过成立于 1999 年的萨洛蒙基金会，萨洛蒙为户外爱好者提供财政支持。迄今为止，该基金会已向 300 人捐赠了 100 万欧元，用于支付学费和医疗设备等费用。这表现了萨洛蒙的内心和精神，培养了人们对户外活动的热爱。

（3）萨洛蒙前沿创新

萨洛蒙公司的可持续发展方法强调竭力探索新的、前沿的想法并评估它们的潜力。这在一定程度上是受 2019 年 6 月在巴塞罗那举行的 SAC 全球成员会议的启发。萨洛蒙从此获得了一个新视角，即可持续性并不是十全十美的，这是一个漫长的过程，需要企业坚持透明化，并持续追求完美。初期，萨洛蒙的合作商对于可持续化更改后的不完美感到不安，但他们坚持只要诚实和透明，就会有希望的信念，不断鼓励合作商不要被完美的想法所束缚。可持续发展是一段旅程，重要的是持续改进。为了将可持续性整合到业务的方方面面，萨洛蒙公司正在探索新的、令人兴奋的想法，并且萨洛蒙的母公司亚玛芬为集团内所有品牌定义了五条循环经济原则。萨洛蒙公司计划至少围绕一条循环经济原则设计所有新产品，并在 2021 年秋冬季节将其用于推出的每一种产品。萨洛蒙公司还在探索更细的、以消费者为中心的行动，这些行动的规模一旦扩大，就有可能对环境产生巨大影响。例如，该公司正在考虑去除鞋子里的纸填充物以减少浪费，并减少造纸过程中自然资源的使用。另外，它还在探索去除产品的悬挂标签。尽管仍需要很多努力才能使这两个想法成为现实，但萨洛蒙坚持此突破性的想法。2019 年 11 月，萨洛蒙公司宣布了一种创新跑鞋的概念，这种跑鞋将被完全回收成滑雪靴。萨洛蒙发现 90% 到 95% 的鞋子被填埋或焚烧，原因是回收鞋子存在很大的困难，这困难在于生产一双鞋子需要不同的材料和胶水。2020 年，萨洛蒙通过开发只用一种材料的设计来解决这个问题。这种新鞋是由 100% 热塑性聚氨酯（TPU）制成的。通过在制作鞋子过程中使用单一的材料，萨洛蒙可以轻松地将其回收，重新创造出新的有价值的产品，使原材料的寿命延长到原来的十倍。萨洛蒙公司计划在 2021 年推出一款基于该理念的产品，并且在鞋使用后将其完全回收。

萨洛蒙公司的团队对其可持续发展工作的发展方向感到欣慰与喜悦，但也意识到不能只有他们来应对气候变化的挑战，因为单独做这项工作，不会产生很大的影响，这需要成为一场行业运动。所以萨洛蒙非常重视通过可持续服装联盟与业界同行合作的机会。作为可持续发展的领先者，它看到了希格指数工具能够测试、提供数据和共同开发的优势。在一个以保密著称的行业，SAC 和希格指数可以帮助企业突破其中一些障碍。比如，萨洛蒙能够与其他 SAC 成员公开谈论可持续发展，并发展新的合作关系。在同行业中，开放的交流可能没那么容易，但是可以通过希格指数提供的公共语言与有意的合作关系来扩展对整个行业的影响并进行持久的革新。

对于可持续发展工作的开展与推进萨洛蒙提出一些建议：

①希望其他品牌使用希格指数，开始他们的可持续发展之旅。

②利用希格指数与价值链合作伙伴使用相同的语言，并与消费者进行公开透明的交流。

③不要让追求完美阻碍你的团队。可持续性并不是十全十美的，这是一个漫长的过程。

④让你的团队和价值链合作伙伴感受到可持续发展的乐趣。

⑤与同行协作，支持行业可持续发展行动。

2. Hirdaramani 集团

Hirdaramani 集团意识到气候变化是当前行业、国家和世界面临的最紧迫的挑战。太阳能和能源效率项目可以帮助 Hirdaramani 集团实现2020 年减少能源消耗的目标。

该公司总部位于斯里兰卡，在全国拥有 19 家服装制造工厂，是可持续制造领域的先行者。2012 年，其 Mihila 工厂成为亚洲第一家获得碳中和（CarbonNeutral®）认证的服装制造工厂。Hirdaramani 以可持续服装联盟的 Higg FEM 为基础，持续测量七个关键影响领域的环境管理现状。Hirdaramani 2020 年的目标是在 2012 年的基础上，将生产过程中每分钟标准消耗能源减少 20%。因此，它一直专注于减少能源使用和减少温室气体排放。希格指数帮助 Hirdaramani 可持续发展团队确定测量类别，以便他们改进生产过程。后期减少整体能源消耗的一个关键组成部分将是减少电力购买。到 2020 年，该集团计划在相同基础上，将生产过程中每分钟电量使用减少 20%。

希格指数有助于我们识别可能忽略的能源和其他环境影响，Higg FEM 评估的能源和温室气体排放部分最初询问的是设施的基本管理与实际操作的问题，包括跟踪排放、测量和量化能源消耗。测试结果证明设施基本管理与操作部分全部得到满足，才能解决有关更健全和先进的管理实践的问题，从而减少设施的温室气体排放，降低对环境的影响。为了改善现状，设施必须明确能源消费热点和能源消费基准，并制定节能目标。利用希格指数设定减排目标，Hirdaramani 计算出了一个标准化的能源减排目标。一个标准化的目标能够使公司在生产水平每年没动的情况下衡量实际的减少进度。为了设定 2020 年的目标，Hirdaramani 基于过去的节能方法推断未来可能的减排方法，并且制定了整体目标和集团里每个斯里兰卡设施的分目标。每个站点都根据其各自的潜力提出了独特的目标要求，使公司管理层能够确定需要投资或关注的部分。其中一些投资包括将设施中的荧光灯换成节能 led 灯或改用天窗。这些变化使工人节能意识得到提升，减少了计划外加班和工作。

Hirdaramani 还进行了能源审计和机器故障的预防性维护。在实施可持续发展项目时，Hirdaramani 集团依靠内部专家，并通过第三方能源审计人员补充其专业知识。

Hirdaramani 希望通过提高能源效率和实施节能措施来实现其目标。公司与机械制造商密切合作，确定未来节能方案。对于更大的项目，该公司会求助于第三方专家，其中探索太阳能发电项目就是在第三方专家的帮助下完成的。2018 年初，Hirdaramani 与一家斯里兰卡可再生能源公司合作，实施了太阳能计划。该制造商在其 8 个工厂中安装了超过 2.1 万块太阳能光伏板，总发电能力约为 7.7 兆瓦。因为太阳能发电情况不稳定，所以在白天受天气状况影响时，Hirdaramani 的系统将接入国家电网，这样设施使用将不受天气的影响。Hirdaramani 预计整个项目的发电量将支持每年减少超过 10000 公吨的二氧化碳，太阳能的总贡献预计相当于斯里兰卡所有设施消耗的总电力的 30% 以上。

除了太阳能光伏系统的直接减排效益外，Hirdaramani 还指出了间接效益，包括所需冷却设施的数量减少。白天，太阳能板遮蔽屋顶，为建筑降温，减少空调的需求。

在这些举措之后，Hirdaramani 在斯里兰卡的整个制造过程中，能源温室气体实现了净零排放。Hirdaramani 的高层领导最初是在阅读了《难以忽视的真相》后受到启发，决定快速解决气候变化问题。Hirdaramani 的可持续发展、维护和工程团队仍然致力于应用和加强可持续发展实践。这些团队与设备研发者合作，在实施满足气候优化目标的项目的同时，为全球制造商提供商业价值。团队通过众多计划的投资回报看到了商业价值，从降低运营成本到降低依赖化石燃料的风险。随着这些项目的成功，制造商与商业伙伴的关系也更加紧密。Hirdaramani 获得了希格指数高的价值链合作伙伴，这鼓励了集团的进一步项目开发和投资。随着新的和正在进行的项目就位，Hirdaramani 期待看到它的能源消耗和温室气体排放继续下降。

3. Pratibha Syntex

Pratibha Syntex 使用希格指数来减少能源消耗和温室气体排放。Pratibha Syntex Ltd. 是一家位于印度的服装制造商。从了解可持续发展开始，公司的使命就是成为时尚行业可持续性实践的全球领导者。为了成为一个可持续的纺织制造公司，公司使用了 Higg FEM 来衡量其价值链运营的环境影响。通过使用希格指数，Pratibha Syntex 发现其有足够的数据来确定 2016 年的能源消耗基准，并设定减少目标。该公司计算出了一个标准化的减排目标，以减少它所消耗的能源和所生产的每件服装排放的相关温室气体。Higg FEM 的指导方针鼓励设定标准化目标，因为其可以证明这是因节约能源而取得的进展，而不是因业务变化（如产量减少）而导致的。

Pratibha Syntex 计划减少能源消耗和温室气体排放，以 2016 年为基准年制订了五年计划，将生产每件服装时消耗的能源减少 20%。Pratibha Syntex 使用希格指数来监测可持续发展目标的进展情况，并已有成效。2017 年，该公司的 Higg FEM 自我评估显示，与 2016 年相比，生产的每件服装的能源消耗减少了 8%。

由于 Pratibha Syntex 的目标是同时减少能源消耗和温室气体排放，该公司必须提高能源效率，并降低碳排放强度。为了实现其目标，Pratibha Syntex 正在实施减少排放和开发再生能源的项目。该公司正在实施现场可再生能源、能源效率和监测项目。太阳能光伏发电在减少 2 级电力排放方面发挥了重要作用。虽然每个项目中的单个措施作用渺小，但 Pratibha Syntex 同时使用多种措施与方法，从而达到整体减少排放和能源消耗的显著成绩。使用希格指数跟踪进展。Higg FEM 评估最初涵盖了基本管理实践，随后是减少影响实践。利用 Higg FEM 中的能源部分，Pratibha Syntex 在一个系统中跟踪和监控各种能源的消耗，并能自动计算其所有设施的总能源消耗。希格指数有助于根据报告的能源数量进行直接的减排比较，并显示公司的年度进展。Pratibha Syntex 自 2017 年以来已经看到了显著的能源使用的减少，并启动了更多项目来实现其 2020 年的目标。

Pratibha Syntex 计划在其主要工厂安装太阳能电池板，使太阳能对电力消耗的贡献达到 40%。另一个目前完全依赖电网电力的设施将升级为太阳能电池板，以产生 25% 的电力。

实施减排和再生能源项目需要巨大的投资，初始投资具有挑战性。然而，随着时间的推移，能源削减带来的节约将变得显而易见，这些项目将在适当的时候得到更有价值的回报。Pratibha Syntex 发现，能源和温室气体排放项目除了有助于节省资金外，还可以为公司未来的变化做好准备，帮助公司在可持续发展方面领先于竞争对手，从而创造商业价值。这些项目将改善希格指数得分，吸引新的供应链业务伙伴。考虑到可持续发展，Pratibha Syntex 公司还寻求使其业务与联合国 2030 年可持续发展目标（SDGs）相一致的方法。

该公司使用 Higg FEM 报告环境绩效，并实施改进措施，表明 Pratibha Syntex 符合可持续发展目标。Pratibha Syntex 认为，推行能源节约和温室气体减排计划将有利于任何寻求以更可持续、更负责任和更有价值的方式成长的组织进一步发展，因此，他鼓励其他公司考虑制定节能目标和建立可持续发展项目。

4. 北江智联纺织股份有限公司

北江智联纺织股份有限公司使用希格指数来评估其环境影响指数，包括该公司因其水循环项目而减少的用水量。北江智联纺织股份有限公司通过希格指数找到正确的指标，通过测量与改善，知道公司在做什么，处在什么位置。每当公司采用个别项目改善多个环境影响区域时，就会在 Higg.org 的平台中分享评估和进展，以便同行业公司参考。Higg FEM 允许客户在 Higg.org 中查看多个影响领域的性能结果。在过去的几年中，北江智联纺织股份有限公司在化学品、废水和用水方面实施了多个项目，并在各个影响领域得到了改善。

2017 年，北江智联纺织股份有限公司实施了一套新的集中系统，用于染料的制备和运输。工程师将染料配方输入计算机，染料就会自动称重、混合和输送。化学品管理是一个具有挑战性的环境影响领域。化学物质不像水，很难被回收，也很难在成本和规模上找到更可持续的替代品。利用新的染料系统，设备可以在开发各种颜色配方时测量和比较化学用途，这就改善了质量控制，减少了以前由于人为错误造成的染料浪费。2018 年上半年，一项自我评估表明，北江智联纺织能够减少 6.5% 的靛蓝染料使用量，同时提高 8% 的颜色准确度。误差的减少还减少了 17% 用水量。该公司专注于用该系统设置化学基线，并将其 2017 年与 2018 年的结果进行比较，可以了解该系统可以节省多少化学物质，减少多少对环境的影响，并节省多少资金。而这套自动化系统即使在新工厂也可以保持同样的颜色质量。

　　在第三方供应商的支持下，北江智联纺织股份有限公司建成了新的装置。该装置可以在生产过程改变织物的特性，允许纤维吸收更多的水和染料，并增加其强度和光泽；在回收过程收集、过滤和重新浓缩腐蚀性废物，调整设备并重复使用化学物质。北江智联纺织股份有限公司报告中显示，该装置在 2018 年回收了 2100 多吨烧碱。通过减少烧碱的排放，北江智联纺织股份有限公司降低了废水的 pH 值，需要更少的硫酸来中和，从而减少了废水的排放，所有这些都对环境有利。

第三章
可持续时尚品牌

三重底线（Triple Bottom Line，TBL）是判断品牌是否是可持续品牌的标准，具体是指经济底线、环境底线和社会底线，指企业必须履行的最基本的经济责任、环境责任和社会责任。这三重底线是可持续经营的三大轴心，可以在此基础上对可持续经营进行评价。TBL 具体化由世界环境与发展委员会于 1987 年发表的"可持续发展"的概念而产生的。与可持续发展的理论性概念相比，TBL 明确指出主要活动主体是企业，且其不仅包括企业的环境责任，还包括企业的社会责任。

一般来说，企业追求利润最大化的时候是在追求"底线"（Bottom Line）。这里的"底线"是指会计上损益计算书的最后一行的当期净损益，通过这个可以了解企业的经济成果（Single Bottom Line）。三重底线是由此扩张的用语，不仅是企业的经济成果，还包括社会和环境成果，其含义是要重视三者间的补充性和均衡性。可持续经营还被称为社会责任经营、伦理经营等。可持续经营与现有的以财务成果为主的经营相比，重视中长期成果，战略性地实施经营数据与信息公开，在传播方面也显示出向企业外部扩大的倾向。在判断企业能否持续发展的指数中，最具代表性的是道琼斯可持续发展指数。

主张对社会和环境负责设计思想的设计理论家兼教育家维克多·帕帕奈克（Victor Papanek）通过 *Design for the Real World*（1971）一书，主张设计师需要对这个世界的社会、环境、道德问题怀有责任感。同时他还表示设计师们也应该对处于危机中的世界所发出的求救做出反应，为创造更美好的世界做出贡献。当时他的主张被称为是单纯的想法，但现在被评价为可持续设计的基础。可持续发展的热度在社会所有领域不断上升，在服装产业上也得到了很大的发展。因为时尚包含丰富的精神享受与消费者需求，反映各个时代的文化因素，而时尚本身也构成一种文化，反映了文化与社会的发展。因此，时尚领域的可持续性已经在经济可持续性、环境可持续性和社会可持续性的基础上，向文化可持续性扩张。

第一节　之禾ICICLE

一、品牌介绍

之禾1997年创立于上海，在国内属于早期具有可持续发展理念的时尚品牌。之禾基于"天人合一"的思想理念，一直寻求人与自然的和谐共生，创造出舒适、环保、时尚的服装产品。之禾在产品中注入人与自然和谐共生的设计理念，选用高质量天然原料与简洁精致的剪裁，给予穿着者优雅而舒适的体验。最值得关注的不是之禾产品表面，而是对整个产品诞生过程的负责与用心。

二、可持续发展活动

（一）设计阶段

之禾改变了环保服装单调的设计表现，满足了当代女性对服装的需求。之禾用"舒适、环保、通勤"三个词汇，解释了品牌的灵魂轮廓。"舒适，即风格"。ICICLE 在设计中承袭着中国人自古对生活理想的向往，对心中有自然、万物和谐、怡然自得的生活状态的憧憬，寻求纯粹的简约，不做浪费原料、缺乏实穿性的设计，不追逐潮流。该品牌从不刻意展示具有"明显环保工艺痕迹"的商品，而仅强调在涉及生产和穿着过程中，身、心、自然交织、共生共息的和谐关系，这种理念既尊重环境，又展现当代人的优雅。

从 1997 年创建品牌至今，之禾已经有了包括巴黎线在内的八条产品线，如巴黎线的优雅，通勤线的干练，基础线的品味，年轻线的趣味，商务旅行线的帅气，超环保线的舒适等，均以非常简洁明了的设计体现出来。整体的风格可概括为精致、低调和舒适。造型上偏重圆形，在剪裁细节上也专门考虑到了中国女性的身体特征。

（二）选择原材料阶段

之禾在织物选择上极其用心，羊绒、羊毛、亚麻、真丝和棉是其所使选择的核心材质，其中包括未经染色的天然原色亚麻、3 年以上未施化学试剂的土壤中种植的纯天然棉，并且培育过程中不使用任何化学试剂、未经染色的来自蒙古和阿富汗的精细羊绒，经手工梳理，省去中间的染色加工。辅料也多采用天然材质，例如绝大多数纽扣使用天然牛角扣、贝壳扣、椰壳扣或金属扣。

每个季度，设计师会对各种流行织物进行调查和研究，不仅查看材料的适时性和可持续性，也会考虑与杰出的、在环保方面无可挑剔的原料供应商进行合作。供应商必须拥有符合中国、国际标准的环保资质，不同国家的行业标准、OEKO-TEX 标准认证、瑞士蓝标（Bluesign）环保认证、ISO 14000 系列标准等环保与质量体系标准认证都在考量范围之内。之禾要求具有染整环节的供应商必须具备良好的污水处理设备，且排放质量需符合纺织染整工业水污染物排放标准。同时要求每年两次对供应商的合作以及产品质量开展评估，每三年一次对供应商的资质进行评估，未达标供应商将从采购系统中移除。

之禾之所以选择天然面料是因为它最大的特性是舒适，将源于自然的的材料制作成衣，会带来如丝茧包裹着肌肤般舒适的穿着体验。而之禾将这一点发挥到最大限度，即大量采用天然面料，而非普通的化纤里布，对面料的染料要求也一定是环保染料。原料的质量以及质感通过它们的用心和努力呈现给消费者。这也是之禾近几年稳步发展的核心竞争力之一。

（三）生产阶段

在面料加工及染色上，采用环保技术和天然提取物加工面料，用有机物进行染色。这样，色泽自然，并且没有有害的化工染料，这是给予穿着者和环境保护最大的尊重。例如植物染，植物染产品采用蓝草、洋苏木、胡桃木、杉木、洋葱、石榴皮、普洱茶叶等天然植物色剂染色。天然的植物染料可以减少化学染色对水源及环境产生的污染。

在制作过程中，之禾支持历史悠久的传统纺织和染制手工技术，尽可能地采用顺应自然的制作方法，最大限度节约能源和避免对环境的伤害，同时关注损耗物的再利用。生产过程中，致力于精心设计加以精工细作，从而生产经久耐用、有着长久美学生命力的产品，而不是即穿即弃。例如蓝印花布和植鞣革系列的配饰。

蓝印花布作为非物质文化遗产，是江南一带的传统印染工艺品，最初以蓝草为染料印染而成，距今已有一千三百年历史。蓝印花布采用全手工纺织、刻板、刮浆等多道印染工序而成，是精湛的中国传统印染工艺。

植鞣革系列精选意大利纳帕牛皮，使用天然植物提取手工鞣制，避免重金属鞣制过程对环境的伤害。挑选的意大利托斯卡纳牧场的小牛皮，柔软而充满弹性。每张皮料都会被认真地拣选，任何的原皮瑕疵都会被裁剪掉甚至整张放弃。使用栗子、松柏等植物制作成纯天然鞣剂，使每一件皮料都能与肌肤更亲近。200多道工艺的鞣制，使得皮料更细腻、更轻，也更坚实耐磨。

除了对传统工艺的使用，之禾时刻关注创新性先进生产加工技术，例如环保牛仔，采用意大利的环保牛仔面料，部分面料使用有机棉或回收纱线制成，并使用更为环保的预还原靛蓝染料和先进的后整技术，可节省近50%的耗水量，并实现污水回收利用。产品包装上不使用塑料制品，连吊牌上圆形的商标（Logo）都是用可降解的玉米纤维环保材料制成的。

（四）销售阶段

之禾店铺设计方案关注可持续与经久耐用，大面积使用坚固的天然材质。不仅在产品的每一个环节尽可能做到与理念一致，店铺设计及装潢也在挑战过度消费时代所导致的迅速获取与用过即弃现象。例如，之禾乔治五世旗舰店的建筑设计，旨在借高品质的原材料和简约的观念，达到历久弥新的永续可能。在店铺面积大于500平方米的旗舰店中进行升级改造，除贩售全线产品外，还会根据实际情况加入书店、画廊、咖啡等板块，增加店铺的功能性和实用性，完整展示品牌倡导的"与自然和谐共生的都市生活"理念。之禾品牌希望提供一种含有传承又面向未来的生活方式——尊重自我、尊重世界、尊重来之不易的万物。这种生活方式，帮助人们在生活与工作的过程中，尽享与大自然和谐相处的愉悦，体验简单质朴。

之禾在销售阶段引导消费者参与旧衣新生的活动，推出一件换一件，新衣折后立减500元的活动，希望通过这种交换的方式引导消费者回收再利用，也可以将爱心传递，让物质流动，延长产品的生命力。

第二节 好瓶HowBottle

一、品牌介绍

好瓶由黄宁宁创立于 2017 年，是中国本土可持续潮流生活品牌，为解决一次性塑料问题而诞生。好瓶不仅是一个可持续时尚品牌，更是一个可持续话题的创造者和传播者。品牌创立后两年多的时间里，做得最多的是与中国的大众消费者沟通可持续发展的话题。早期好瓶以一个推广可持续新材料平台的方式，直到 2019 年下半年才以更加面向零售端和大众消费者的品牌形象面向消费者表达与沟通。

二、可持续发展活动

（一）设计阶段

好瓶的产品是在选好材料的前提下用设计为产品增加价值。好瓶的设计不仅是给产品增添美学价值，更多的是巧妙地向消费者讲述产品的诞生与价值，并且告诉消费者如果购买并使用这件产品你会为环境做出怎样的贡献。好瓶用废弃塑料瓶做过 T 恤、雨衣、包包等，但好瓶不只是卖产品而是让消费者用购买的方式为环境保护做贡献。好瓶与可口可乐中国推出的联名款"24 包"，由 24 个塑料瓶制作而成。包内印有产品是由 24 个塑料瓶制作的图案与说明。如果是 24 个塑料瓶，有再强环保信念的人也不会去买已使用的空塑料瓶，就因为这 24 个塑料瓶摇身一变成了日常可用的时尚包，才使更多消费者接受。

（二）选择原材料与生产阶段

好瓶采用的主材料是属于 PET 材料，多支撑饮料瓶和纺织纤维，其中纺织纤维为聚酯纤维，是一种很常见的化纤。但好瓶所采用的是RPET，是指回收后的 PET，其中"R"（Recycle）意为"循环、回收"，是回收塑料瓶制成的再生聚酯纤维。这类塑料瓶是通过全国的回收点进行回收的。目前，我国已经形成较为成熟的回收塑料瓶产业链，回收塑料瓶被清洗干净，瓶盖、瓶身和外包装塑料纸分离，塑料切片、抽丝、冷却集丝，生成纱线，最终织成面料。不是所有回收的塑料瓶都可以制成回收聚酯纤维，会根据干净程度和纯度进行分类。塑料粒子和 PET 瓶片会被送往不同的面料工厂进行加工。回收 PET 再利用能缓解石油资源短缺，快速降低碳排放。1 吨 RPET 纱线相当于 67000 个塑料瓶，可以减少二氧化碳排放 4.2 吨、节省石油 0.0364 吨、节省水 6.2 吨。这意味着生产 RPET 比常规生产 PET 节省近 80% 的能源。11 个塑料瓶可以制成一双运动鞋，12 个塑料瓶可以制成一件体恤，13 个塑料瓶可以制成一件雨衣。虽然十几个塑料瓶回收不到 5 角钱，但经过这一系列生产过程，就能把头疼的垃圾变为全新的产品。

（三）销售阶段

好瓶是一个善于讲故事的品牌，以一个创立刚满五年的小品牌引导和感染一群小伙伴参与到可持续发展活动当中，包括可持续消费。品牌创立早期，好瓶认识到，虽然国外有许多知名品牌很早就开始用回收塑料瓶做产品，但国内消费者对再生材料仍存在一些抵触，所以当时好瓶主要做的不是产品，而是"许多美好的行动"，让大众理解再生材料是怎么来的，这些品牌为什么要做让废物再生这样的事情。当时好瓶用塑料瓶手工缝制了马拉松赛服，然后去找跑团或是敢于穿上用回收塑料制成的赛服的跑者，让他们一边跑马拉松，一边去捡跑道上的塑料瓶。这一举动是为了说明这些被随手丢弃的瓶子如果被我们捡回来，可以做成一些有用的产品，也是希望大众可以关注我们生活当中不经意间所丢弃的塑料瓶。显然这不是在卖产品，更像是在做公益。2018 年国内时尚行业对可持续时尚话题的关注不断上升，好瓶与可口可乐联名做了"24包"。2019 年可持续时尚被大众所知晓，好瓶与可口可乐联名推出了"在乎衣"，陆续还与骆驼动感（Camel Active）、中国航天文化合作了联名款"太空包"。

越来越多的企业想和好瓶合作，越来越多的小伙伴了解好瓶，了解好瓶的初衷，赞同好瓶的想法。好瓶带动消费来保护我们的青山绿水，它要走的可持续发展这条路的未来风景不是品牌名利双收，而是好瓶与一大群小伙伴共同为我们的青山绿水奔跑。

第三节 再造衣银行 Reclothing Bank

一、品牌介绍

再造衣银行是 2011 年由设计师张娜创办的独立设计师品牌。再造衣银行以再造衣、旧物升级再造的理念，即升级再造的角度重新审视、利用、改造已使用或在生产阶段废弃的物料，通过设计的力量重新创造新的价值。

二、可持续发展活动

（一）设计阶段

再造衣银行的升级再造是从旧物料的挑选、整理、重新组合开始的。同类型但不同时代的物料，以其结构的共同点为基础，完美结合，把偶然变成必然，重新解释设计，重新为生活所用。再造衣银行在设计过程中特别重视旧料的选择和组合，以尊重材料本身特征为原则，重新审视每一块旧物料的历史、时代，在新的角度里突破时空限制的美学标准。服装本身是一种文化和历史的载体，它的质感、颜色、纹样、款式表现着不同的文化和历史。再造衣银行的设计方式充满因材料的随机性带来的独特、自由与奇妙的时代感，再加上用染料增添设计感，最终给消费者呈现设计所带来的惊喜。

（二）选择原材料阶段

再造衣银行的原材料有二手衣物、再生面料、天然面料三大类。

第一种二手衣物主要将旧衣回收拆洗、改造，制作成新的产品。主要来源于各大旧衣回收公司，在回收的废弃衣物中挑选可再造的衣物。再造衣银行一直与北京的同心互惠合作，北京的衣物回收分类现在已经非常详细，有 A 类、B 类等级区分，回收后会对每种衣服进行分类和区别再造，让衣物能够物尽其用。挑选好原材料后由同心互惠社区女工进行清洗和再拼布，再造衣银行与同心互惠社区合作完成此步骤。另外，还尝试跟大批量生产成衣的品牌合作，用他们提供的库存面料进行旧衣改造。此外，也面向公众接受衣物的捐赠，日本一个机构就曾给再造衣银行捐赠了大批古董和服。选择原材料的过程中，再造衣银行考虑到旧废弃衣物在清理污垢和再造过程中可能会耗费更多的能源，会对环境产生影响，因此选择污染不严重的衣物作为原材料。

　　第二种是再生面料，主要是RPET材料，由再造衣银行与瑞赛科纺织（Recyctex）合作的实验室独家研发，原料就是废弃塑料瓶。从塑料瓶到柔软的RPET面料，需要经过塑料瓶回收、清洗、品检分离、切片、抽丝、冷却集丝、制成RPET纱线和织纱成布的过程。这中间不仅大大减少了对原油这种不可再生资源的消耗，还比传统技术节约42%能耗、45%温室气体排放量以及高达94%的水资源。

　　第三种是天然面料，有天然羊毛、玉米淀粉再生面料等。其中天然羊毛使用寿命长，可回收并制成新的纺织服装、耐用型室内装饰品或高燃点天然防火产品，这也使羊毛纤维的环保特性愈加出众。羊毛100%可生物降解，被废弃后，羊毛等天然纤维不易造成污染和垃圾堆积问题。在土壤等温暖潮湿条件下，羊毛经真菌和细菌作用后会迅速降解，将营养成分（如氮、硫）释放出来，进入大自然的碳和养分循环，为有机物生长提供能量。还有天丝莱赛尔纤维，这种面料与奥地利兰精集团合作，这是从木材里提取纤维制成的面料。天丝比丝绸更加顺滑，但是织理却非常有韧性，它还能和很多材料制作混纺面料，并且有防晒的功能。开创业界先河的悦菲纤（REFIBRA）技术将生产服装剩下的大量废棉升级再造，与木浆一起成为原料，用于生产全新的天丝品牌莱赛尔纤维，以制造面料及服装。还有玉米淀粉再生面料，由玉米梗再生而来的玉米淀粉再生面料，100%来自植物资源，可完全生物降解，与化纤相比健康安全，不含有毒有害物质，并且还有抗霉保鲜、透气透湿、抑菌亲肤、吸湿排汗、抗紫外辐射、阻燃的特点。

（三）生产阶段

再造衣银行从旧衣改造的升级再造做起，到重复的循环再利用再到天然纤维的利用，每个环节都有相同价值观的合作机构，可以说再造衣银行在搭建一个庞大而全面的可持续时尚循环系统。在生产加工环节的原材料获取过程中与专门生产零废弃的再生面料的工厂合作，这些工厂有自己非常完整的一套体系，将废弃面料通过光波软红外线的探测，区分面料成分后分类重新回炉，清洗消毒，抽取成纤维，再制成再生面料。这些新制成的再生面料外观与其他面料无异，完全符合国家卫生标准，并且比其他面料有成本优势。

再造衣银行为了做到真正的物尽其用，想出了一个非常聪明的方法，即研发出一种可循环的设计模式，它根据衣物结构的特点，将较常见的旧衣物料如牛仔裤、衬衫等进行标准模式化设计与生产，就像公式一样，每个物料都有自己的一套设计生产公式。这样一来，即使换了设计师和生产者也可以不费时间和人力就可以制造出产品。有这套标准模式，任意两条牛仔裤都可以拼成一件全新的牛仔夹克，任意两件衬衫都可以变为一件新的长款衬衫，还有大衣的改造等。这些再造产品款式一样，但根据使用的旧衣面料的不同，每一件都具有独特性且能进行一定的量产。这样一套标准模式不仅能让整个设计和生产环节简单高效，也可以作为教育资料传授给其他企业或消费者，让更多人参与到可持续时尚的队伍中。很多品牌在生产可持续时尚产品时会使用很多高新技术，但比起繁琐且投资巨大的高新技术，再造衣银行所做的创新更能推动整个产业的高效可持续转型。

（四）销售阶段

再造衣银行的销售渠道分线上线下。线上推出了官网和线上店铺，线下进驻买手店外，开设了一家实体店，让更多消费者了解可持续时尚理念，可以亲身感受和体验这些再造衣，进而让可持续消费被大家接受并成为习惯，这样既能享受时尚，又能在消费过程中完成对社会环保事业的支持，而可持续发展也才算真正融入了时尚、融入了生活，能够被大众看到和喜爱。再造衣银行还开放了订货渠道，面向所有买手店，只要这家买手店的价值观跟风格是与之符合都可以合作。如今，再造衣银行的产品在上海、北京、深圳、广州以及珠海等多个城市均有销售，每年的盈利达千万元。

2015 年再造衣银行与美国著名公益组织 1% 地球税（1% FOR THE PLANET）合作，将销售所得的 1% 捐助给用于环境保护的公益项目。每年，再造衣银行都会在销售额中拿出 1%，通过 1% 地球税机构捐赠给世界环境公益事业，并且每年都会在网站公开捐助数据，其中的每一分钱都代表一种认同，即拒绝浪费，循环使用，时尚重生。

第四节　唤觉AWAKENING

一、品牌介绍

唤觉成立于 2003 年。唤觉前身 F-1（HALUCINATION）创建于深圳，设计经营时尚男女装，此后改名为唤觉，意为探索生命的真实价值，在持续发展的过程中实现自我与社会意识的超越。这也成为唤觉公司的企业文化。唤觉倡导植物生活方式，致力于将单纯与原创的设计理念转化成个性的实用艺术品。唤觉有着超前的设计理念，坚持纯植物材质是最佳的服饰材质，拒绝用皮草、真丝、羽绒和毛制品等任何伤害动物的材质，减少使用化学材质。唤觉设计理念符合追求自然和环保的消费者需求，得到了市场的高度认可，很快就在全国各地开设了专卖店，并且拥有了很多的支持者。如今，唤觉的环保主张已深入人心、影响深远，成为时尚界具有代表性的可持续时尚品牌。

二、可持续发展活动

（一）设计阶段

唤觉的服饰风格关键词始终是健康、环保、爱心、原创。

唤觉的设计强调产品的实用性与经典设计理念，注重在本质上进行变革，以一种对环境和社会更为负责的态度去创造可持续时尚产品。唤觉在设计阶段考虑整个产品生命周期，创造无污染、有利于人体健康的生态服装，这一理念体现了服装与人、自然、社会之间的和谐关系，满足可持续发展的要求。唤觉设计团队常常到云贵偏远山区学习民艺，寻找出来自大自然，益于大自然的工艺手法。并且在年轻人喜欢的当代新潮艺术基因中融合中国传统元素，产品不脱离潮流，同时还体现了中国传统元素。

在中国时尚行业可持续发展的环境、社会、文化等的范围不断努力与创新。2017年唤觉召开了以"唤"为名的产品发布会，将贵州非物质文化遗产搬上时装舞台。字母Logo、运动条纹、飘带、长袖口这些街头风搭配造型感十足的苗银腰带、精致的苗绣，并且设计师巧妙地将苗银做成喇叭状银筒，镶嵌在毛衣的腰间、肩部，稍一转动，便发出清脆的铃铛声。还有胸口、肩胛的老虎头、花纹刺绣，都展现出中国传统非物质文化遗产的现代流行风情。唤觉做到了传统、民族、现代、美学的融合，让被人渐渐遗忘的传统的民族文化得到持续发展，也给其他时尚品牌做了示范。2019 年，唤觉冬季系列主题"蜕变"，运用植物元素色彩图案设计，意在倡导绿色环保时尚生活，警示关注气候变暖等的环境问题。其中利用环保报纸做成图案印花，直接表达了品牌对环保问题的关注。

（二）选择原材料阶段

唤觉一直提倡"爱动物、爱健康、爱家园"，坚持秉承"无动物制品产品、无砍伐树木制品产品、无石化类制品产品"的三大理念，希望倡导有机纯植物生活方式。服装采用了经特殊工艺处理的麻、棉质面料以及少量科技面料，尽可能使用有机、无污染、无公害的原材料。

在产品研发中，唤觉杜绝设计生产真丝、皮草、羽绒、羊毛制品，尽可能避免使用不可降解的石化原材料。主要采用有机棉、生态保暖棉、再生涤纶面料等，其中有机棉材料是在 3 年以上未使用化学试剂的土壤中种植，整个种植的过程都不使用化肥以及杀虫剂等化学制品。并且这些有机棉、麻植物面料在后期的纺纱、织布、面料加工等生产过程中，也不使用任何化学添加剂，对自然环境不会产生任何污染伤害。

生态保暖棉是由索罗那（Sorona）纤维加工成纺织品，而索罗那纤维由超细天然玉米糖成分纤维组成，37% 原料来自天然的玉米糖成分，添加特殊多层纤维结构，相对于传统的石化法合成纤维，可以减少63%二氧化碳排放量和37%的石化原料使用量。索罗那制成的纤维和服装更具有可持续发展性，其在舒适、耐磨、弹性、抗皱、防护等性能方面大大优于现有其它化纤制品。而回收聚酯面料（Recycled PET Fabric）则是将回收的可乐瓶碎片化后，经过抽丝加工而成的再生环保纤维原料，该原料可循环使用并有效减少二氧化碳的排放量。PET纱线通过了美国翠鸟认证（Scientific Certification Systems，SCS）的权威认证以及欧洲Oeko-Tex Standard 100生态环保认证，达到了纺织服装全球回收标准，可以降低使用石油和淡水，打造循环经济。

（三）生产阶段

唤觉以节能、降耗、减污为目标，以可持续管理理念和技术，实施生产全过程污染控制，使污染物产量最少化。工艺方面，唤觉坚持使用传统工艺，这是因为传统工艺有环保特性，同时也是为了实现传统文化的可持续发展。因为蜡染、手工刺绣、植物染色工序非常烦琐耗时，所以从面料选择与印染制作的整个过程对供应商都有更为严苛的标准，在保证产品质量的同时，还需要严格控制耗水量、废水量、碳排量。为了做出好的产品的同时坚持可持续发展理念，生产过程中唤觉专门与有机植物印染企业合作，虽然与其他工艺相比成本大幅度上升，但也实现了从原材料的收集、加工到对布料的印染，都采用传统的技术方法，最终实现了面料印染环节环保性。特别是在染色环节里，为防止脱落的染料和整理剂会随废水排放到江河中，会对生态环境带来不利的影响，唤觉采用天然植物染色的方法，不接触化学剂，使用植物纤维面料，制作出环保的服装生活品。其中，"蓝染"是中华民族广泛应用的一种染布的方式。蓝染是以植物为原料，经过发酵制成"蓝靛"，其是从绿色的叶片中萃取出如大海般的蓝，色泽艳丽而稳重，呈现出温润典雅、耐人寻味的印染效果。

唤觉更像是一个社会企业，无论是原创服装设计，还是挖掘非物质文化遗产传统工艺，亦或是品牌在企业活动中的践行，都是试图通过产品本身影响公众珍视和谐环境与传统文化的尝试。

（四）销售阶段

唤觉在销售过程中不仅仅在售卖衣服，还是在向每位消费者传递品牌理念与可持续发展的生活态度。在产品包装上，使用对生态环境和人类健康无害、能重复使用和再生、符合可持续发展的包装。如用可降解的玉米淀粉塑料袋和可回收再造的环保纸皮袋作为产品包装。唤觉在全国各地的 30 多家直营店的内部装潢材料全部采用了天然的、低碳环保材料装修，无木制品和石化制品。

在北京开设的唤觉服饰当代环保概念店，由日本建筑设计师迫庆一郎设计，设计主题是"环境保护的理念所引导出的未来空间"，店内装修只使用了两种新型环保材料。地面使用了亚麻油毡材料，墙壁、顶棚和店内饰品使用了木丝板。木丝板是由回收的废弃木材料经过特殊处理后和水泥混合搅拌压制而成，不但容易加工，而且具有吸音、阻燃、隔热、无污染等性能。同时，唤觉意识到树木被过量砍伐，已经渐渐破坏了生态的平衡，所以店铺在装潢时则以竹制道具和竹编装饰等竹制品代之，因为竹子的生长周期非常短，适当的修砍还有助于竹林生长。

唤觉在深圳创办了一家生态餐厅。餐厅装修简洁、朴素，装修所用的原材料均为环保材料。餐厅不提供烟、酒，也没有蛋、奶以及其制品。餐厅经营的都是没有任何化学添加剂的非转基因的有机天然食品。餐厅内还摆放了很多关于动物保护和环保方面的书籍资料，供客人阅读。

第五节　REVERB

一、品牌介绍

REVERB 是江南布衣集团旗下的环保时尚品牌。REVERB 一词来源于音乐，表示用电子设备制造具有空间感的回声效果。该名字的寓意是根植于内核的可持续理念将在中国乃至世界的时尚产业引起回响。如果把 REVERB 分为 RE（再）和 VERB（动词），消费者将会领悟到可持续性的核心理念，即再使用、再循环、再塑造、再行动、再构建、再成形、再考量、再想象、再思索。REVERB 以循环时尚（Circular Fashion）为品牌哲学，秉持"运动休闲、无性别、再生和灵动"的设计理念。

二、可持续发展活动

（一）设计阶段

REVERB 以"运动休闲、无性别、再生和灵动"为设计理念，传播可持续发展的积极生活方式，深化环保理念。在设计阶段考虑使用环保面料，生产环节节水节能、减少碳足迹和减少温室气体排放等，将定向设计与社会、环境友好型织物和制造工艺相结合。并且在前期设计的同时就考虑到产品日后被回收再利用的可能，在板型的设计上注重一件多穿，强调功能的设计，希望在多场景切换下增加其随机应变的功能。

REVERB 与美国音乐人特拉维斯·艾格迪（Travis Egedy）的合作款以讽刺的形式呼吁大家为环境保护贡献自己的力量，合作款系列印花图案在凸显街头潮流元素和年轻不羁风格的同时，也映射了美国东海岸高速发展时期对环境造成的严重污染，借此表达对现在环境污染现象的警觉及提示。REVERB 与艺术家奥拉维尔·埃利亚松（Olafur Eliasson）发起的"小太阳"跨界合作，即使用 3D 打印外壳将"小太阳"粘合在兼具环保面料和功能性的包装袋上。

（二）选择原材料阶段

REVERB 不断在全球范围内找寻再利用、再循环或是对资源低消耗的面辅料。REVERB 的大部分合成面料包含超过 50% 的回收原料成分，而且大部分面料更是经瑞士 Bluesign 标准认证，主要使用以回收的 PET 塑料制品为原料的再生环保涤纶面料，取代以不可再生化石燃料为原料的原生涤纶。REVERB 还采用有机或可回收循环利用的天然材料，避免有害化学成分的参与，最大可能地减少废弃物，并降低水资源和其他能源的消耗。不仅如此，REVERB 还从大自然界提炼灵感，选择多元化的衣物面料，例如减少环境足迹的可分解的玉米纤维、竹炭纤维、粘胶纤维等植物纤维的运用。产品中运用到的仿麂皮面料、再生羊毛面料和大麻纤维等环保面料等，为消费者提供了全新的可持续消费选择。REVERB 除了回收再利用材料外，还利用有机棉制造产品，指从选种到种植到纺织过程全部获得有机认证的棉产品，种植有机棉的土壤需要经过 3 年的有机转化期，期间禁止使用农药和化肥。整个生产过程经全球有机纺织品标准认证，可以减少能源利用，降低温室气体排放。

REVERB 在选择原材料时首先看重的是材料自身的质量，其次还会考虑合作商的资质与专业性。

优富（Unifi）是生产回收再利用材料与合成材料的企业，作为合作伙伴之一，在制造 REVERB 环保涤纶纤维的项目中，回收了超过 140 亿个塑料瓶，其节约的能源和用水能为 13.3 万个家庭供电 1 年、为 170 万人提供长达一整年的日常饮用水，同时也减少了 3.85 亿千克二氧化碳的排放。Unifi 聚酯加工中心将回收来的塑料瓶进行切碎、清洗与熔化，然后将它们转化为再生涤纶纱线。不仅如此，REVERB 还与意大利 Carvico 集团旗下的两家国际知名度的面料企业进行合作，利用高品质的再生尼龙环保面料制造服装产品，致力于给大家带来更具责任感的消费选择，即使是一件 T 恤，REVERB 也坚持使用舒适的环保面料以及运用精良的设计语言。经由再生尼龙工艺制成的再生尼龙面料，相比传统工艺实际减少 55% 二氧化碳的排放量。

REVERB 本着负责任的态度，以服装作为连接载体，与大自然产生联系。从保护海洋生态的目的出发，通过与海洋环保组织的合作，派遣潜水员打捞回收深海废弃渔网，重新制成用于面料的尼龙纤维，再制作成产品。从 2013 到 2018 年，珂蔚蔻共征集 100 名志愿潜水员，发动 650 艘渔船，经过荷兰、比利时、英国、希腊和意大利 5 个国家，共回收渔网 453 吨，相当于 3 头蓝鲸的重量。

（三）生产阶段

REVERB 的一些产品是经全球有机纺织品标准（Global Organic Textile Standard，GOTS）认证。GOTS 认证是确保有机纺织品从收获、到原材料、到加工以及到最后产品包装的规范性与环保性，以便给最终的消费者带来可信赖的产品。GOTS 的认证要求极为苛刻，认证法规要求纺织品制造商以全球公认的标准来规范他们的有机纺织品和服装的生产。GOTS 的认证是对整个供应链的严格控制，也包括对合作商的管理与监控。REVERB 必须保证消除从最初的原材料和生产过程中的有害物质，并为此制定标准进行控制，确保产品的安全且与自然友好相处。

（四）销售阶段

REVERB 希望通过品牌销售端达到"一而再、再而三地去反复思考、反复提醒的过程"的效果，旨在引起关注未来发展的年轻消费者对可持续时尚的思考。可持续发展理念会一直作为品牌基点，并在此基点下创造出无数个分支。而品牌更希望这些支点能够影响消费者的每一次决策，并成为新的生活方式。在店铺设计上REVERB选用回收材料，同时考虑到各个环节的环保和可持续性的操作，就近取材，因为远距离运输本身也是对资源的浪费和对环境的损耗。展示间与店铺亦由回收再造的材料建成，连同产品一起，实现可持续时尚的闭环。同时，REVERB秉持品牌哲学，从再思考、再行动的环保理念出发，结合线下新店开业活动，鼓励全民参与可持续发展活动，创造健康的生活方式。店铺开幕活动期间，凡进店顾客都可将自己不需要的衣物布料等投入REVERB再生箱中。活动结束后，REVERB会将收集到的衣物布料制成极具设计感的环保再生装置放在店内，或其他展区。为顾客提供全新的旧衣物处理方式，宣传循环时尚环保理念。REVERB还在世界环境日组织了旧衣换券的特别活动，只要将闲置衣物带至店铺，任意一件即可兑换地球日代金券200元。

REVERB秉承着"以人为本，以自然为先"的理念，实施着绿色时尚的措施，挖掘了"零废料"时尚的无限潜力。在整个设计、选材、生产过程中思考合理的资源再生及有效的环保行为，尽力做到废弃物、水和能源都从最大程度上得以减少。REVERB作为由国际知名的国内企业全新打造的可持续时尚品牌，作为行业领导者，为整个行业的未来走向指明了方向。中小型企业的可持续化转型面临资金和资源短缺的问题，但行业大企业的可持续化转型所面临的风险也不少，从说服股东到企业战略和管理方式的整改，还有对全体员工的教育，也需要考虑对企业旗下其它品牌的影响。因为 REVERB 是全新概念的品牌，与其他旗下品牌不同，为了达到可持续时尚的标准，每个阶段的合作商也需要重新评价和选拔，可以说进入了完全不同的赛道，从选手选拔到训练都是从零开始的。很庆幸，REVERB 既带着江南布衣原有的基因，又有着新的鲜绿的生命力。

第六节　PYE派

一、品牌介绍

PYE 派是 1984 年由杨敏德女士在中国香港创立的品牌，它来源于圆周率的"π"，代表着品牌不断追求完美衣衫的愿景和价值观。品牌在保证高品质产品的同时，持续关注环境问题。品牌利用独有的纵向一体化生产模式，通过改革从棉花种植到成衣制作的生产工序，确保每个细节都遵守保护环境的原则，展示对自然环境的一份关怀。在过去十年里，PYE 派的每件产品在生产过程中对水资源的消耗下降了 57%，能源消耗下降了 43%。

二、可持续发展活动

（一）设计阶段

PYE 派的主打产品是衬衫，在产品设计上，对衬衫细节以及实用性有着偏执的追求，努力打造出简洁、低调、儒雅且舒适无比的完美单品。品牌对质量和工艺的承诺都体现在产品上，力求在设计上展现简单而实用的细节，突出追求永恒和精致的风格。PYE派打破了设计与生产之间的隔阂。三十多年的衬衫制造及卓越生产管理的丰富经验，让衬衫既具备设计美感，又拥有优秀的性能表现。PYE派品牌下的生态系列（ECOLOGICAL BY PYE）新推出的单品有男女装长袖衬衫，秉承绿色生产理念，在制作过程中尽量减少对环境的影响，与顾客共建可持续的未来。除了带来完美舒适的贴身呵护，比同类产品少消耗 65% 化学品和 36% 能源。

（二）选择原材料阶段

PYE派的原材料以棉花为主，而棉本身是可降解的环保面料。PYE派在获取原材料阶段主要做了两个方面的努力，分别是棉花品种选择和种植。PYE派所采用的是目前世界上最优质的棉花——长绒棉，是制作高密度棉织品和高档衬衫的最佳原料。其纤维柔长，长度可超过 1.38 英寸，约 3.5 厘米，可以实现很高的面料纱支，这也意味着 PYE派可以生产出更优质的面料和衬衫。PYE派远赴新疆维吾尔自治区（后简称新疆）种植长绒棉，在新疆开展了超过 15 年的种子研发，从原料开始确保产品品质。在过去的 15 年间，PYE派在棉种研究和培植上的不懈努力促成了最优质长绒棉的诞生。PYE派不断研究，并携手棉农，培植出能够纺成世界领先、超过 700 英支的高纱支面料的优质棉花。

自 20 世纪 90 年代起，PYE 派所在的溢达集团就已在新疆经营棉花农场，在棉田种植上一直推行可持续发展的办法，包括妥善利用水资源，应用滴灌技术及减少使用化学肥料，从而为品牌供应优质原材料。

PYE 派特别采用了人工采摘棉花的方式，避免使用常见于机器采摘的棉花落叶剂化学品，有助于维护大自然的和谐，贯彻环保及可持续发展的理念。PYE 派在与当地棉农交流长绒棉的发展趋势，引导和培养棉农种植长绒棉的信心的同时，还帮助棉农了解异纤对棉花的危害，引导棉农在棉花采摘、储存及运输环节中自觉地防范异纤污染，以确保棉花的高纯度与高品质。PYE 派在当地开设的健康和教育项目致力于为当地棉农和社区带来积极的影响。PYE 派还设立了小额贷款计划，协助当地棉农采购其生产所需的棉籽和机械设备，帮助其提高收入，改善生活水平。

（三）生产阶段

生产阶段 PYE 派掌握创新科技，拥有纵向一体化的供应链。品牌对于衬衫生产的过程一丝不苟，每道工序都展示了对可持续发展及环境保护的重视。PYE 派致力于实现可持续的生产和减少资源消耗，拒绝采用任何有害化学品，并不断创新和优化制作流程，以减少资源消耗。与此同时，小心处理所有生产废料，以确保对自然无害。

PYE 派为了实现资源的优化配置和可持续发展，不断致力于优化生产方式，积极应用节能科技，持续升级机器设备，从而大幅减少生产所需的能源消耗。在产品生产过程中讲究环保、节水、节电、少排污。工厂拥有自己的发电厂和污水处理厂，且用水量和用电量都作为工厂核心的考核指标，已实现减少 64% 的水资源消耗、减少 45% 的能源消耗、处理后的污水每升的化学含氧量高达 45 毫克的目标。除此之外，PYE 派还在生产过程中实现了辅料循环再生。PYE 派的产品线延伸至辅料与包装，这些产品紧贴市场脉搏和消费者品味。品牌也充分发挥创意，将纱线和面料余料循环再用，让它们焕发新的生机。

PYE 派在生产过程实施可持续化的同时优化提升生产力，致力于推动生产流程自动化及精益生产。为满足转型升级的需要，采用"员工与科技配合"的策略来优化提升生产力，引进科技的同时为员工提供培训，让他们掌握多种技巧并熟练应用科技，从而提高生产效率。

（四）销售阶段

PYE 派希望提高消费者对于衬衫理解的标准，让消费者可以辨认产品质量的好坏。同时，PYE 派也承担着社会责任，有道德地进行生产和销售，并期望用不断优化的产品来避免无端过量的消费。品牌深信，小改变能创造大不同，小小的改变，会让生活融洽美好，让地球生态改善。PYE 派还在店铺内为消费者提供其特色的"客制化"服务，根据男士们的个人喜好对衬衫细节作出调整。这一服务既是为了能更好地满足消费者需求，也是为了避免大量生产下的库存过季变为废弃产品而导致的浪费与服装垃圾。在 2018 年秋冬环保系列新品里，PYE 派赋予生产过剩的衣物第二次生命，以其为基础创造出全新的单品，力求将原材料的使用率最大化，并减少浪费，切实履行节源环保的承诺。

　　PYE 派虽然不像其他可持续时尚品牌那样华丽而多样，它只专注于衬衫的原材料开发与生产工艺，在一件事情上深究，即怎样在优化质量的同时实现可持续发展。虽然 PYE 派的可持续之路固执而单一，但会在棉花选择、棉花种植、生产上做到专业性，而且会越做越好。

第七节 kleeklee

一、品牌介绍

kleeklee 是素然（ZUCZUG）旗下的慢时尚品牌，创建于 2010 年。
kleeklee 是藏族口语里的"慢慢来"的意思，也是手语中"慢"的意思。
kleeklee 一直在考虑一件衣服可以传达给人们的是什么？从设计阶段坚
持使用减少环境足迹的面辅料，探索降低环境污染和传统生产工艺，在
销售阶段使用可降解的包装和可循环再利用的纽扣，设计生产中的每一
道工序尽可能减少对环境的伤害。kleeklee 不断探索作为一个时尚品牌
在可持续发展中最直接的体验，作为一个全新环保品牌，kleeklee 沿着
环境保护和社会责任的可持续发展方向投入更多的努力。

二、可持续发展活动

（一）设计环节

kleeklee 的设计像它的品牌名一样慢慢地，安静地讲述他们的理念。kleeklee 不追逐潮流，以休闲、舒适为主，比起时尚更追求一件衣服在我们生活中实用性。宽松的 T 恤、带松紧的棉裤、保暖挺阔的外套等，舒适的面料与款式，还有 kleeklee 给衣服附加的价值。naze naze 是 2015 年启动的一项用 kleeklee 的设计能力延续传统工艺，为独龙族创造经济来源的公益项目。naze naze 取自独龙语 naze naze brao，指"慢慢地织布"。naze naze 通过 2017 年第 1 期产品、2018 年第 2 期产品、2019 年第 3 期产品讲述 kleeklee 与独龙族的故事，以及 2020 年第 4 期产品，2021 年第 5 期产品，6 年 5 期产品使 kleeklee 成为独龙族的宣传人，通过品牌的影响力，产品的价值，向大众介绍独龙族的文化和传统工艺。kleeklee 先是带着独龙族妇女在上海培训，用独龙族传统工艺加上 kleeklee 的设计为独龙族创造出一条脱贫之路。通过培训，kleeklee 与独龙族织女们合作推出了即时尚又独特的产品。kleeklee 用设计能力帮助社会少数群体和时尚行业可持续发展，通过合作的方式提供帮助、实施公益、参与社会企业的建设、履行作为一个企业应承担的社会责任。

（二）选择原材料与生产阶段

kleeklee 主要采用环保棉、环保羊毛、环保麻和环保丝绸。在选择面料时，第一是考虑原材料是否以可持续农业管理理念在自然环境下种植和生产，第二是考虑是否能减少环境足迹，降低对环境的消耗和污染。kleeklee 采用的环保棉是在未使用农药化肥的土壤中种植的非转基因棉。整个播种与生产纺纱过程符合 GOTS 的标准，减少了化学制品的使用，降低了对环境的污染。环保羊毛也是来自无转基因的农场里放养的羊群，健康无疾病。除了面料外，kleeklee 的辅料也是环保再生的或用天然原材料制成的，例如使用回收饮料瓶制成的再生纽扣，天然材质的牛角扣、贝壳扣、果实扣等。

在染色环节，kleeklee 使用传统工艺或新技术，减少染色过程中对化学剂的使用和对水资源的消耗。目前已开发使用天然染色、植物染色、丹宁臭氧水洗等方法。为了减少染色环节的环境污染，kleeklee 在设计阶段考虑不染色，有些产品使用面料本身呈现的动物纤维或植物纤维的原始颜色。例如安地斯高原羊毛、安地斯高原小羊驼毛、牦牛绒、驼绒等环保棉原有的颜色。另外，考虑使用植物染色。这是一种传统的染色工艺，以植物的根、茎、叶、花、果实为原料进行染色。kleeklee 使用五倍子、云南红茶、石榴皮、板蓝草、紫草、莲蓬、茜草及紫胶等，使面料呈现温和的自然色彩。kleeklee 使用的面料符合 GOTS 的标准，从种植、采集、染色加工到峰值环节都严格按照标准，并且保障每个环节参与工人的安全与公平收入。

（三）销售阶段

kleeklee 主要以线上宣传的方式给消费者传达品牌产品背后的可
持续发展故事。kleeklee 和素然旗下其他品牌一起使用一个线上平台
发布品牌信息，平台中发布的信息多是织布人的故事、设计师的故事、
kleeklee 的合作者、近期品牌和哪些艺术家合作做哪些艺术展、品牌所
采用的工艺的介绍。kleeklee 对消费者引导不像其他品牌，而像拼图一
样一点一点把可持续发展信息传达给大众，消费者把这些信息一块一块
拼接起来看到的是一张完整的"拼图"，讲述了 kleeklee 的理念、使用
什么方法做了什么样的努力，做出了怎样的产品，从而让消费者慢慢了
解和接受可持续时尚消费理念和生活方式。比起教育式的传达方式，这
种更方式需要下更多的功夫，需要细致地规划每一个板块的内容和效
果，也要考虑板块之间的相关性。

第八节　FREITAG

一、品牌介绍

FREITAG 创立于 1990 年，是最早的循环再利用环保袋包，是环保袋包品牌的领导先驱。该品牌以卡车车篷为材料制作袋包，并在世界广泛销售。由于使用回收素材为原材料，具有独特艺术的二手质感，以及独一无二的花样及颜色，满足了消费者的喜好。FREITAG 通过使用各式各样、色彩缤纷的回收卡车用帆布，制成防水耐用的袋包，成为了环保先锋者。由于采用回收的材质，每个袋包都有自然的陈旧印记；另外，每个袋包都是手工裁切。不同的帆布有不同的图案，由设计师选择最好的位置、裁切不同的图案，所以每个袋包都是独一无二的，满足了消费者对独一无二产品的需求。

二、可持续发展活动

（一）设计阶段

FREITAG 设计师会在一张完整的卡车篷布中选择最有趣的图案制作成产品。设计师要保证每一款 FREITAG 的袋包都能够做到独一无二的同时，还要兼具时尚风格品味，保证防水布的最大化利用。这是一项极具挑战性的设计工作。每一款产品都有唯一的编号和模板，便于高效制作产品，并使每个产品在规格上都保持一致性。

（二）选择原材料阶段

在原材料的选择上，产品主材料所选用的是废旧的卡车防水布。每年 FREITAG 都会在欧洲各地收集到大约 460 吨的防水布，而这些负责收集的员工则被称为卡车观察员。他们常年通过电话询问，或者在欧洲高速公路服务站旁寻找卡车及卡车司机，以便购买到理想配色的防水布。

FREITAG 发现回收卡车篷布不能解决环境问题，其终究还是会成为垃圾，因此着手研发一种符合更高循环标准的新型篷布。首先，它要与现有的油布（PVC 篷布）一样坚固、耐用、防水和实用。其次，这种新型篷布需要改写自身终成垃圾的命运，进入生物循环或技术循环，通过生物分解或人工拆解形成工业技术材料，用于制造新的篷布或其他产品。

产品的其他材料也是回收再利用的。例如包带是回收废弃汽车安全带，包边是回收废弃自行车轮胎。

对于服装原材料，FREITAG 还特别研发了一种全新的材料（F-ABRIC），这种面料由欧洲的亚麻纤维混入其他天然材料制造而成，非常结实耐用，而且均可 100% 降解。

（三）生产阶段

回收的废弃卡车篷布经过清洗和修补，再由设计师进行剪裁和缝纫，全过程为纯手工制作，力求将回收来的防水布最大化利用。物流运输上，全部原料都是半径 2500 公里内的制造商提供，只为减少运输所带来的能源消耗，这也让 FREITAG 对于环保理念的推广延伸至更广的层面。

（四）销售阶段

FREITAG 不仅在产品上革新了环保袋包的材料和设计理念，其销售环境的革新也成为其他品牌的标榜。FREITAG 零售店中的货架、桌子、椅子都是回收再利用的，货架是采用回收钢筋重新制作成架子，再用再生材料做成纸盒，把每件产品装进盒子中、摆进架子内。桌子和椅子也是由废弃家具重新制造而成的。FREITAG 早期的办公楼是用废弃集装箱堆积而成的。回收集装箱的想法后期被许多行业内的时尚品牌所效仿。在 FREITAG 创立时的 20 世纪 90 年代里，环保、绿色消费、废弃物再生利用这些话题已经从理念和试验开始发展为一种潮流，成为绿色时尚的代名词。但 FREITAG 所倡导的是一种更加积极的消费方式，而非与现实商业场景相矛盾的教条式的行为。购买 FREITAG 的产品或者加入品牌社群甚至对于 FREITAG 的忠实喜爱，并非来自对环境的愧疚感，而是在面对功能性、美观性与个性化完美结合的产品的同时，发现它还肩负着环境友好、消除废弃的使命，这样不论是对于消费者还是品牌本身，传播与践行环保、可持续与零浪费便成为一种自然而然的选择。就像创始人说的那样，"环保本身没有魔力，只有当产品本身有足够的吸引力时，它才有可能良性循环。"

第九节　PURE WASTE

一、品牌介绍

芬兰的 PURE WASTE 环保面料公司创立于 2013 年，一直致力于用 100% 回收材料生产纺织品。PURE WASTE 将从生产线回收的废弃材料收集后进行分类、切割等加工，制成高质量的纺织产品，其材料是纯废料，产品是由 100% 回收的纤维制成的，这意味着在生产过程中根本不需要使用任何新的材料。

二、可持续发展活动

（一）设计与选择原材料阶段

PURE WASTE 的产品大部分是基础款，他们不做过多的设计，只基于经典款式做细微的改动，达到不会被流行淘汰而且还日常百搭的目的。消费者还可以根据自己的需求，在产品上添加印花或定制团体服装。

PURE WASTE 的主要产品是由 60% 回收棉花和 40% 再生聚酯纤维合制而成的，其中棉花是世界上使用最多的纺织纤维之一。全球纺织业每年大约消耗 273 亿 kg 棉花，其中大约有 15% 的棉花以建材后废弃物的形式被闲置，相当于 109 750 卡车可用的优质原材料。这也是 PURE WASTE 在生产过程中特别使用纺织工业棉花切割废料的主要原因。另一个重要原因是棉花种植方式会对环境产生的巨大影响。根据棉花种植地的不同，每种植一公斤棉花需要消耗 9000 ～ 21000 升淡水。而棉花通常生长在降雨量不足的地区，这就需要人工灌溉。因此，PURE WASTE 回收生产链中所废弃的纱线和面料作为其原材料。

（二）生产阶段

PURE WASTE 从服装工厂流水线收集废料，按照质量和颜色对废料进行分类，收集整理好的纺织废料被机器重新变回纤维状态，再纺成纱线、制成面料，最后制作基本款服饰。收集的废料根据颜色分类，因此 PURE WASTE 在加工过程中不再染色，废料的颜色即决定成品的颜色。在生产过程根据需求也会添加其他再生材料，例如回收矿泉水瓶制成的再生聚酯纤维。通过合成所需纤维后制成纱线再根据产品需要进行清洗、加工后制成所需的面料或缝制成服装。比起用原始材料，用回收材料制作一件 T 恤可以减少 99% 的水和 50% 的二氧化碳排放。

这一计算是通过 Modint Ecotool 完成的。Modint Ecotool 是一个专门的工具，用于计算纺织品和纺织产品在生产和使用的所有阶段的环境影响。Modint Ecotool 具有纤维、纺织过程和运输的数据库。2010 年，荷兰研究咨询机构 CE Delft 创建了基于 Excel 的工具 Modint Ecotool，用于纺织行业。它是纺织生产链企业使用的产品生命周期评估工具。使用该工具，公司可以洞察其产品的生命周期，以及公司特定的生产过程在整个生命周期中的贡献。生态工具还可用于评估改善方案的环境影响。许多纺织企业包括一些大型跨国企业将 Modint Ecotool 作为其环保计划的一部分，欧盟纺织行业也考虑使用。Modint Ecotool 包含纺织生产链每个阶段的生命周期（LCA）信息。用户通过选择相关的纤维材料和随后每个生命周期阶段的适当的生产过程来构建产品的生命周期。Modint Ecotool 是非常透明和多功能的，用户可以检查每个过程的 LCA 信息，并调整生产过程。

因为 PURE WASTE 的重心在于布料，除了品牌系列产品外，还为其他品牌生产产品。

（三）销售阶段

PURE WASTE 不仅是一家服装品牌，也是一家纺织面料品牌。PURE WASTE 的产品分两大类，一是服装产品，主要以线上线下商对客（Business-to-Customer，B2C）的方式销售。二是再生面料，主要以商对商（Business-to-Business，B2B）的形式作为原材料向服装品牌销售。PURE WASTE 采用多渠道销售的方式，与各种零售商合作，扩大销售。

三、可持续发展战略

PURE WASTE 的使命可以分为三个部分。第一部分是制造什么，即回收产品。第二部分是如何行动，PURE WASTE 以自己为榜样激励消费者和其他企业和组织。第三部分是对未来的愿景和正在努力的方向，即一个没有纺织垃圾的世界。PURE WASTE 坚信，一个小公司也能实现行业的巨大改变。PURE WASTE 用实际案例表明，纺织行业的传统方式是可以改变的，而改变始于新的思考方式。"再思考"是 PURE WASTE 的企业文化，指从一个新的角度重新思考事情。为了让纺织工业更加生态化，PURE WASTE 改变传统的思维方式和生产方式，不断挑战自我，为生产、销售和物流的运营提供更好、更可持续的解决方案。

第十节　ECOALF

一、品牌介绍

ECOALF 诞生于 2009 年，品牌的名字和概念来源于创始人的孩子。创始人认识到要创建一个真正可持续发展的时尚品牌，要做的最可持续发展的事情是停止轻率地使用自然资源，以确保下一代的资源，并且需要能够制造出与不可回收产品同样质量和设计的可回收产品。

经过三年的研发，2012 年 ECOALF 推出第一个再生材料服装系列。2014 年 ECOALF 与 SIGNUS 和 CTCR（La Rioja 鞋业技术中心）合作推出了 100% 由回收的轮胎制成的第一批创新型人字拖。产品过人之处不仅是利用再生材料，还在整个制作过程中不使用任何类型的胶水。2015 年 ECOALF 基金会诞生，并且开启"海洋升级回收"项目。该项目帮助清除和回收破坏海洋的海洋垃圾，并将其转化为高质量的纱线和织物，以生产高质量的产品。2017 年，在泰国旅游部和 PTT 全球化学公司的支持下，"海洋升级回收"项目升级，在泰国东南部 5 个岛屿开展为期三年的清洁工作。"海洋升级回收"目前已扩展到意大利和希腊。在 3000多名渔民的支持下，项目在西班牙、希腊、意大利和泰国持续进行，从海底收集了 700 多吨废物，其目标是在 2025 年之前清理地中海底部。2019 年，ECOALF 推出了 100% 可持续发展的瑜伽系列产品。

二、可持续发展活动

（一）设计与选择原材料阶段

ECOALF 的设计以休闲自然的基本款式为主，设计不过多依赖流行趋势，专注于生产可穿的，耐穿的衣服。ECOALF 主要采用回收材料制作产品，包括回收的聚酯、尼龙、棉与羊毛等。通过使用回收 PET，可以减少 20% 的水消耗和 50% 的能源消耗，减少 60% 的二氧化碳排放。回收聚酯可以再次回收，这就是为什么这种材料在循环经济中被高度重视。ECOALF 使用的回收聚酯主要来源于回收的 PET 聚酯（消费后的废物）和从服装中回收的聚酯（后工业和后消费垃圾）。

ECOALF 的很多羽绒服是用回收的尼龙制作而成的。通过先进技术，ECOALF 生产出超轻和柔软的面料。与传统制造尼龙的工艺相比，回收尼龙大大减少了生产步骤、二氧化碳排放和水消耗，并且回收尼龙制作的服装废弃后可以再次回收。回收尼龙主要来自被遗弃在海洋中的渔网，但这种材料稀缺，所以还需要使用生产过程中剩下的尼龙。ECOALF 们与 ECONYL® 合作，用废弃渔网（25%）、废弃地毯（25%）和未消费尼龙废料（50%）制成一种新的纱线，这种纱线与用原始原料制成的尼龙具有相同的特性，但又能防止新的垃圾进入环境。在这一过程中，ECOALF 发现其中 10% 的海洋垃圾是被遗弃的渔网。每年大约有 640000 吨的渔网最终流入海洋，包括海龟、鲨鱼、鲸鱼、海豚在内的许多海洋物种都会被渔网缠住。美国国家海洋渔业服务中心报告称，2000 ～ 2012 年，美国西海岸每年平均有 11 头大型鲸鱼被渔网缠住。据估计，废弃渔网在海洋中腐烂需要 600 多年的时间，在这 600 年间，它对海洋生物构成了威胁与伤害，限制了动物的活动，严重的会被撕裂、感染、窒息，并导致动物的死亡。

ECOALF 使用再生羊毛代替直接从动物身上获取的传统羊毛。回收羊毛在很多年前已被广泛使用。像西班牙和意大利很早就开始使用再生羊毛制作织物。再生羊毛一直被认为是低质量或次等质量的材料。因此，ECOALF 的目标就是要提高其质量，使其达到传统羊毛的水平。

ECOALF 的原材料中最独特的是回收轮胎。回收的轮胎用于制作人字拖，这是通过与 Signus 和 La Rioja 鞋业技术中心，经过两年的合作研发和创新投资的结果。轮胎的回收过程非常复杂，因为它们包含各种材料，如纺织品和金属，必须在复杂的过程中分离。一旦橡胶从其他元素中分离出来，就可以得到一种具有特定晶粒尺寸和条件的粉末，可以在不使用任何胶水或粘接材料的情况下，通过加热和加压将其转化为平面楔形。这是一个完全创新的过程，除了回收轮胎外，没有添加任何外部材料。这是一个 100% 在西班牙开发和手工制作的产品。但这种材料有两种局限性，一个是气味，这一点 ECOALF 已经可以用纳米技术来中和。另一个是它的颜色。材料的原始颜色是黑色，不能染色，这就是为什么 ECOALF 添加了 EVA 泡沫板，它会使最终产品显现出各种颜色，并且舒适又能减轻碳足迹。

（二）生产阶段

ECOALF 与可以将咖啡渣转化为具有技术性能颗粒的专利公司合作，制作了咖啡碳纤维。咖啡渣每天从自助餐厅回收，通过加压和干燥去除水分，然后被压制、压缩并转化成颗粒，与 PET 或尼龙颗粒混合（两者都是回收的）。咖啡渣本身不能转化成纱线，需要与织物结合在一起。得到的纱线自然包含咖啡所能提供的所有特性，替代化学物质的加工。咖啡碳纤维具有环保性、升温保暖性、抑菌消臭、发射负离子等特性。

（三）销售阶段

ECOALF 在日本东京开设了其在东亚的第一家门店。该商店由日本的一名建筑师设计，以竹子、石头、沙子和木材等几种天然和可回收材料为原材料，并将商店分割成不同的区域，一层销售产品，二层专门用于教育活动和演讲。不仅如此，ECOALF 在世界各地 1000 所学校、峰会和论坛分享过品牌的理念与知识。

ECOALF 用行动实现与消费者的承诺，并激励其他人也参与其中。消费者每购买一件产品，就会有 10% 的捐赠给 ECOALF 基金会，以继续扩大"海洋升级回收"项目。

三、可持续发展战略

ECOALF 的企业介绍里有这样一段话，"我们所有的决定都必须以尽可能减少对地球和当地社区的伤害为目标"。ECOALF 用 12 年遵守了诺言，他们的使命和愿景依然如旧，如果可能的话，将比以往更加坚定和清晰。时尚是世界上最大的消费品行业之一，也是污染最严重的行业之一。在这样的大环境中，ECOALF 作为一家服装企业的使命不仅仅是做生意。ECOALF 通过不断地学习与实践，不断摸索更负责和有效的商业模式。在马德里举行的联合国气候大会框架公约第二十五次缔约方大会（Conference of the Parties，COP25）上，ECOALF 签署了到 2030 年成为零碳排放品牌的协议，并且监控和减少所做的每一件事的影响。

第十一节　添柏岚 Timberland

一、品牌介绍

添柏岚是全球著名的时尚休闲户外服装鞋履领导者，国际总部分别设立于瑞士和中国香港。添柏岚旨在为重视户外活动并在户外活动的消费者提供优质鞋履、服装和配饰。添柏岚产品均提供优质的工艺和细节设计，并以延长产品生命周期为产品目标。添柏岚以为社会奉献和保护地球为企业责任，从 1992 年起参与企业社会责任活动，致力于社区发展。添柏岚的"理性的引导"（Give Rational the Boot）活动旨在提高消费者的意识，并以此为起点，通过与环境责任经济组织（Coalition for Environmental Responsible Economies，CERES）的协议，为品牌和品牌投资者做出环境方面的决策提供指导方针。在企业内部，尽可能提高员工的生活质量，2007 年被选为《财富》杂志（Fortune Magazine）最想工作的 100 强企业。添柏岚还为了可持续发展技术开发和员工福利政策在社会责任的活动上投入了大量的资金。

二、可持续发展活动

（一）设计与选择原材料阶段

添柏岚的产品种类多样，在保持实用性的同时附加了可持续性价值。其中鞋子是最具代表性的产品。添柏岚有近 80% 的鞋类含有回收材质，如回收橡胶大底、麻制的鞋帮、回收而成的鞋带、靴子内部构造的部分，都是经由设计、产品研究、生产团队不断测试而成。添柏岚在设计研发上竭尽全力让消费者的衣服经久耐穿，在产品的使用寿命结束时，不是进入垃圾填埋厂，而是成为下一代产品的一部分，以回收利用的方式，努力减小资源浪费。添柏岚在选材阶段尽可能采用可持续性材料，并且推出环保产品线地球守护者（Earthkeepers）。在地球守护者系列中防水靴是最具创新性的，防水靴选用再生材料或加有机材料，生产阶段也严格把控碳排放。

添柏岚还特别推出了 Tree Pack 系列，以 ReBOTL^{TM} 环保面料制成的 Tree Pack 6 寸靴坚持以往军事风格，通过经典黑和丛林绿的颜色搭配凸显大自然气息，鞋靴内特别采用保暖棉的设计，满足秋冬的保暖舒适需求。同时，该系列亦包含由 100% 可持续性棉花制成的，印有大自然需要英雄（Nature Needs Heroes）品牌宣言的 T 恤，象征添柏岚对绿色环保的呼吁和号召。

另外，添柏岚在为鞋类选材的过程中，严选皮革工作组（LWG）审核认证为银或金级制革厂生产的优质皮革，确保生产过程中减少能源使用和废气排放等；而鞋靴内里搭载品牌独有的 TimberDry 防水科技，由50% 的循环可回收塑料制成，保持双脚干爽舒适的同时，更能为减少地球塑料垃圾尽一份力；鞋底则由天然橡胶制成，助力改善热带雨林被大量砍伐的问题。地球守护者系列在材料选择中减少有害化学物质的使用、使用再生和有机材料。

除靴类外，防水鱼尾派克大衣也采用环保再生面料，并搭载 TimberDry 防水科技。并且，设计师将军事风格织带、迷彩印花和夹棉编织技术融入球鞋设计，兼具功能性与时尚度的设计可以使穿着者轻松穿梭于户外探险与城市街头。另外，该系列服饰拉链和缝边部分均以再生塑料或可回收材料制成，细节之处亦呼应品牌的可持续理念。

（二）生产阶段

添柏岚可持续责任战略中，突出的特点是在经营过程中履行相关责任，以满足环境、经济和社会的影响，实现真正的可持续发展。最重要的是在生产过程中实施可持续发展以应对气候变化。为此，添柏岚创造了一种在产品生产阶段尽量减少排放和环境影响的生产管理系统，并通过向消费者公开产品成分表，使消费者可以了解产品的生产阶段及过程。这是为了让消费者亲自确认个人消费对社会和环境所产生的影响，帮助消费者进行可持续消费。

添柏岚在皮革制作过程中采用级别制，通过只使用从银级或金级制革厂加工的皮革制作产品来支持环保。这些制革厂从节水、节能和废物处理方面都符合皮革工作小组的评定标准。这一标准帮助添柏岚减少加工皮革产品过程中的碳排放量。添柏岚还致力于在美国、澳大利亚和巴西建立再生皮革供应链，并与萨瓦利协会（Savory Institute）合作，资助再生农业的实践研究。除了皮革之外，添柏岚还与再生农场的农民合作，试验生产新的再生橡胶、棉花、羊毛和甘蔗供应链。并且启用了绿色指数评级系统（Green Index & Reg），用来评估其鞋履从原材料提取到最终产品装配线上所产生的环境影响。这些信息为评估距离目标的进展情况提供了一个标杆，并为设计者和消费者创造一个参考标准。添柏岚还开发了碳管理工具包，从供应商那里收集有关能源使用的信息，然后和工厂分享信息。2010 年起，添柏岚培训工厂使用碳管理工具包，帮助工厂减少能源消耗。

（三）销售阶段

添柏岚致力于积极应对环境挑战，并使其对环境的影响最小化。添柏岚努力从零售商店的装修与陈列、产品的设计与包装、原材料的选取过程中，通过各种方式来减少自身对环境的影响，并且对那些有碍提高环保效率的流程和行为进行积极的研究和改进。添柏岚在销售阶段实施生态标签，以向消费者传达有关其产品影响的信息，并实施生命周期管理，以量化其生产的产品对环境的影响。另外，考虑到鞋子要对抗不同的气候和地理环境，免不了有所磨损和污垢，因此添柏岚提供全方位的专业鞋靴护理品来让购买者的鞋靴保持干净有型，让消费者能更持久地使用产品。

在品牌宣传方面，添柏岚选择了与品牌受众生活方式相似的潮流类和旅行类社交媒体渠道，通过渠道进行扩散并影响更多的人。此外，品牌与各圈层用户深度接触沟通，引发情感共鸣。植树活动、明星发声、官方发声、付费媒体和公关媒体等，各渠道的传播以不同的触点接触消费者，以不同的内容形式传递着添柏岚所倡导的环保公益的理念。

三、可持续发展战略

从环境保护和人权到社区发展，添柏岚的可持续责任战略通过遍布全球各个领域的全球环境保护部门来实施。企业的可持续性责任战略从具体的领域、作用、目的、资料公开都有明确的规定，具体分为商业性和正当性（Commerce and Justice）、管理（Governance）、公共政策（Public Policy）、透明性和责任（Transparency and Accountability）、利益相关者访问方法（Stakeholder Approach）和政策（Policy）。添柏岚通过可持续责任战略，积极履行企业社会责任，并将其公开。添柏岚品牌的核心理念是"环保的未来成就更好的未来"。这一理念源于添柏岚数十年来对产品生产的严格把关，同时秉承着保护户外环境的宗旨，加强对世界各地的社区建设。添柏岚致力于尽自己的一份力量来应对环境挑战并将其影响最小化。无论是从产品设计还是制造和运输，添柏岚一直在寻找新的方法来减轻环境污染。添柏岚也致力于"Doing Well and Doing Good"的承诺与员工、消费者和服务合作伙伴之间建立了强大的伙伴关系，以改变他们生活和工作的社区。

在过去的40多年里，添柏岚一直在实践可持续发展。它的目标是研究和提供团队品牌的专业知识和产品创新、改善工人生活、参与社会服务、培养个人和组织长期持续经营的洞察力。添柏岚的社会责任目标和进行事项在社交媒体上完全公开。不仅如此，它还透明地开启了可再生能源使用量的测量过程，向公众公开了污染气体排放、能源使用图表、运输和生产厂的能源使用量和企业活动。在污染气体排放图表中，包括了直接排放量、间接排放量、空气中气体的移动量和目标值。目前，添柏岚正在积极努力降低污染气体的排放量。添柏岚不仅运用了自己的标准，还运用了公共机关或专门机关的标准，从客观的角度观察自己的活动。

添柏岚长期以来是负责任的、可持续创新领域的领导角色，从企业执行层面长期开展绿色管理工作，其中包括积极参与环保活动，并制定节能减碳具体措施，在规范、改善日常营运中企业与合作伙伴的互动中，形成环境管理系统。

第十二节　TOMS

一、品牌介绍

TOMS 是创业者布莱克·迈科斯基（Blake Mycoskie）2006 年在阿根廷旅行时，看到许多孩子赤脚步行数公里后，为其提供帮助而设立的公司。通过提供鞋子来预防孩子们的并发症，并为其提供接受教育的机会。

TOMS 凭借"一对一"（One for One）这一划时代的营销战略，短短几年内就赢得了全世界的关注和支持。虽然以前也有捐赠一部分收益用于慈善的企业事例，但是销售和捐赠同时进行，并且让消费者参与其中的 TOMS 属第一个。TOMS 在 2011 年将产品线扩展到 TOMS 眼镜，不仅扩大了产品领域，还扩大了捐赠领域。顾客在购买眼镜时，不仅捐赠了一副眼镜，还提供了与眼睛相关的医学帮助，即设定了恢复一个人视力的目标。到目前为止，已向约 10 个国家提供了视力矫正眼镜、医学治疗机会和视力保护手术机会。TOMS 与塞瓦基金会（SEVA）一起持续进行视力恢复项目运营和预防活动。根据 TOMS 提供的资料，目前全世界有 300 多万人获得帮助。另外，将"One for One"项目与创造就业机会联系在一起，为可持续社会的发展而努力。

二、可持续发展活动

（一）设计、选择原材料与生产阶段

TOMS 从阿根廷传统民俗画阿尔帕加塔（Alpargata）或艾斯巴德里（Espadrille）舒适的穿着感中获得灵感，用帆布制作了设计简单的鞋子。从环境的角度，TOMS 使用绿色植物为原材料，可被生物分解、减少环境足迹。

TOMS 的生产是通过在阿根廷、中国、埃塞俄比亚、肯尼亚、海蒂和美国的工厂而不是自己的工厂完成的。在人权保护问题上，认真管理第三国供应链，并且通过企业成员的定期教育，努力保护人权。在为长期捐赠活动而捐赠的国家实施生产，提供就业机会，并考虑运输过程中的环境保护。

（二）销售阶段

TOMS 推行可持续的营销模式，其中"One For One"商业模式通过

激发受众的同理心以促进其进行消费，获得广泛的市场认可。对孩子来说，鞋子虽不足以改变他们的命运，但 TOMS 不断拓展 "One For One" 项目的外延，丰富帮扶项目内容，并与其他慈善组织推行的公益项目结合，形成帮扶合力，共同为这些孩子创造一个美好的未来，而品牌自身以商业活动支持慈善捐赠的模式，更保证了社会效益的可持续性。

TOMS 一直在实施"销售 = 捐赠"的战略，目的是给社会带来正确和有利的影响，而不仅仅是销售产品。通过捐赠鞋子，保护发展中国家的孩子免受疾病的侵害，并提供眼镜和矫正视力手术的费用支持。目前，TOMS 向阿根廷、秘鲁、危地马拉、洪都拉斯、埃塞俄比亚、乌干达、卢旺达、南非、蒙古、柬埔寨等 23 个国家捐赠鞋子。

第十三节　RE；CODE

一、品牌介绍

RE；CODE 创建于 2012 年 3 月，旨在防止服装企业库存产品烧毁造成的环境损失和物质浪费，并为独立设计师提供新的机会，也为被流行和市场淘汰的产品赋予新的生命。2012 年 5 月，从现代百货公司开始，乐天、新世界等韩国内综合商场陆续开设了快闪店，致力于传达 RE；CODE 所具有的意义和价值。2012 年 8 月，以"旅行"（The Travel）为主题，开启了"可持续发展之旅"，为那些需要助听器的人进行了助听器支援宣传。

2013 年 1 月，RE；CODE 参加了在柏林和巴黎举行的"胶囊秀"，这些"胶囊秀"是新品牌和设计师品牌在交易会中被评价为最具实验性和创造性的舞台。RE；CODE 是柏林胶囊展上唯一的韩国品牌，在参与的 100 多个品牌中，以品牌概念的独特性被评价为绝对突出的品牌。特别是升级再造（UPCYCLE）和高级时尚（High Fashion）的新组合被胶囊秀选定为"值得关注的十大品牌"之一。2013 年 7 月，升级后的品牌正式开设了突出品牌概念且包含体验空间的旗舰店。2013 年 10 月被英国现代美术月刊《弗里兹》和道奇银行主办的世界三大艺术展之一的弗里兹伦郭（Frieze London）邀请。RE；CODE 为弗里斯艺术节制作了特别服装，为主要工作人员设计了服装，并在展会期间的核心活动"画廊之夜"（East End Gallery Night）派对上单独展示了作品。

RE；CODE 在海外展销会和艺术展上展示了丰富的具有实验性和独创性的设计，并在海外媒体和市场上得到了高度的认可。以此为契机，参加了 2013 年 10 月在英国伦敦 Old Billingskate 举办的韩国品牌&韩流商品博览会（Korea Brand & Entertainment Expo，KBEE 2013）。RE；CODE 展示了 100 多件服装和饰品，以废弃的军用帐篷和降落伞等为素材的废弃军用物资制作的产品和以废弃气囊和汽车座椅等为材料制成的产品，被评价为具备艺术性与实用性价值的产品。从 2014 年开始，商品系列扩大到饰品、生活用品，更加贴近消费者。

二、可持续发展活动

（一）设计与选择原材料阶段

RE；CODE 利用废弃的库存服装、军用帐篷、降落伞、汽车用品等材料开发了三条产品线。其中，库存系列（Inventory Collection）的主材料是使用可隆企业的时尚品牌中没有销售的废弃库存产品为素材制作的设计师系列，通过拆卸、重新组合套装、衬衫、运动服装及帐篷等多种库存，将设计师的感性和品牌的基本价值一起包含在里面。

军队系列（Military Collection）是使用在军队使用过的、废弃的服装、军用帐篷、降落伞等材料制作的。从军需品中分解出来的材料有着极强的耐久性，并且有着其他商品中找不到的固有的图案和颜色，还带有复古的感性。特别是帐篷和降落伞等军需用品可以变换成包或饰品，可以看到 RE；CODE 特有的设计感。

工业系列（Industrial Collection）最大的特点是以废弃的汽车内部纺织类用品为材料，突出了不常见材料独特的设计感。因为使用过一次的汽车气囊会因安全问题被废弃，虽然是使用了但实际和新的没有太大区别，所以选择废弃的气囊以及在汽车制造过程中因划痕等原因被废弃的面料等来制作新产品。结合零件固有的产品编号，使用未裁剪的气囊和汽车的机械要素，展现出简约而摩登的混合式设计。

（二）生产阶段

与普通服装相比，RE；CODE 工作过程复杂，形成了较高的档次。从材料的拆卸工作到产品完成，全过程由 100% 手工完成，设计和缝制过程非常复杂，而且分解了套装和运动服装等多种产品作为材料使用。但是在制作过程中广泛实行可持续性品牌愿景，特别是在分解过程中，通过让友好商店（Goodwill Store）雇佣的残疾人和弱势群体的职员们尽可能发挥自己的潜力，努力实现自立。在 Goodwill Store 拆卸的材料会送往设计师工作室，并通过与独立设计师的协作进行重新解释和重新设计。RE；CODE 产品希望通过这样的过程为消费者提供超出消费价值的价值。

（三）销售阶段

2012 年 5 月，RE；CODE 的第一家快闪店销售了男性服装、女性服装、饰品、包包等 7 个系列的 100 多种款式的 500 多件商品。很多消费者来到这里，了解了 RE；CODE 所具有的品牌价值，对伦理消费产生了共鸣。RE；CODE 之后在乐天百货、新世界百货等开展了快闪店，向消费者展示了 RE；CODE 的产品。通过这一点，得到了以有价值的伦理消费为导向的顾客们的响应。

为了让品牌所携带的信息和他们想要谈论的价值广为人知，让更多消费者产生共鸣，RE；CODE 一直在进行展览和表演。2012 年，在釜山国际电影节开幕式上，演员文素利穿着 RE；CODE 的礼服登场，为大众提出有价值的消费建议，并为提高人们对环境问题的意识提供了帮助。另外，RE；CODE 每季都会进行能让人产生共鸣的多个项目，进一步强调和持续强化 RE；CODE 的感性，通过多样的合作，强调时尚的社会参与功能，向消费者展示 RE；CODE 对可持续发展做出的独有的努力。

第十四节　CORNSOX

一、品牌介绍

CORNSOX 是 2011 年韩国雇佣劳动部进行的《青年及社会企业家培养事业》项目中孵化出的品牌，为盲目制作、废弃、环境污染严重的时尚行业现状提出了新的对策，并以积极参与社会公益为品牌目的。从独特的品牌名称中可以看出，CORNSOX 使用从玉米淀粉中提取出的环保纤维 PLA 制作时尚袜子。PLA 的优点是使用后废弃填埋时，在相对湿度 100% 的条件下，可以在短期内进行生物降解，不会造成环境污染。

经过 1 年左右的产品开发，CORNSOX 于 2012 年下半年推出了产品，事业领域向 B2B、B2C 逐渐扩大。除了产品本身可生物降解的特性外，也为贫困国家的医疗、教育、饮用水等问题做公益活动。为了通过产品解决各种社会问题而努力的 CORNSOX 将通过品牌更新讲述以消费者为中心的可持续时尚，而不是以供应商为中心的时尚。

二、可持续发展活动

（一）设计阶段

CORNSOX 以"时尚袜子"为核心产品，与现有的基本款袜子不同，产品企划与设计包含多维度的内容。CORNSOX 创始人在设计上倾注了心血，以展现朴素、明亮的形象为主，突出了柔和色调的亮色风格。概念袜以自然、休闲的风格，摆脱了原有功能性袜子（竹子、木炭、韩纸等）的沉重、阴暗的品牌风格，向年轻人展现了概念袜鲜明的品牌形象。

在初期阶段，使用可生物降解的纯天然原材料制作的产品比普通产品的耐久性差，或者需要大量的天然资源，但 CORNSOX 通过现有的玉米纤维的成功案例，弥补了天然纤维的缺点，证明其与普通产品没有明显的区别。玉米纤维是 CORNSOX 的代表纤维，与棉、涤纶相比具有更高的价格，在制造过程中为保留材料的天然特性也增加了制作成本。经过在原材料和制造方法上的不断改善后，终于制造出符合消费者需求的产品。目前，CORNSOX 的婴儿袜价格为 4500～5000 韩元，成人袜价格为 5000～6500 韩元。

（二）选择原材料与生产阶段

CORNSOX 用从玉米中提取出的 PLA 制作环保袜子，致力于减少环境污染。玉米纤维袜是从玉米淀粉中提取的纤维经过发酵和聚合过程而制成的，与现有的尼龙、聚酯制成的袜子相比，可以减少 30% 以上的温室气体排放量。另外，对于非可再生能源的使用量，节能率可以达到 20% 以上。而且这种纤维是从玉米淀粉中提取的，是一种不会引起皮肤问题的安全天然纤维，具有重量轻、不产生灰尘和静电、适合作为婴儿服装的优点。另外，由于袜子的消费模式快，虽然在废弃阶段会被焚烧或填埋，但合成纤维在填埋时很难被分解，焚烧时会排放有害物质，造成环境污染。但是玉米纤维在填埋时，在一定的温度和湿度下，1 年内就可以被生物降解，减少了对环境的污染。玉米纤维的碳排放量约为聚酯的 65% 左右，与普通涤纶袜的碳排放量相比，玉米纤维袜 2014 年的产量标准减少了约 15 吨的碳排放量。

（三）销售阶段

CORNSOX 根据不同零售渠道分配符合渠道特性的产品。CORNSOX 为了向更多消费者传达他们所向往的品牌宗旨，正在构思入驻大型超市和进军海外市场。

CORNSOX 没有为营销推广进行线上或线下广告。因为是小品牌，所以不能在市场营销上投入巨额费用，CORNSOX 更多的是把资金和人力投入到产品研发当中。"正如品牌所拥有的身份所表明的，CORNSOX

正在通过社会参与的方式进行促销。"例如，通过"拯救地球的善良袜子"的品牌概念，用收益购买玉米种子提供给贫穷地区，并且教授种植玉米的技术，最终让贫穷地区成为 CORNSOX 的原料供应商，为他们创造经济来源与就业机会。CORNSOX 的主要销售活动和营销策略都是在线上，主要有脸书、博客、网页，还有广告视频制作和 Corn Donation Project 等。企业创始人李泰成通过 SNS 表示：正在与环保组织及海外企业形成网络，制作一个能让消费者轻松理解企业价值的视频，通过解说玉米纤维对环境的影响，而不是以产品为主的广告；通过社会问题来宣传企业的价值；通过捐赠消费者支付的部分收益金的项目，使消费者主动参与到企业活动中。就像 Corn Donation Project，消费者每购买 1 双袜子，将给贫困国家赠送每人可产出 4 公斤玉米的种子赠送项目。CORNSOX 将收益的 10% 捐赠给非洲布基纳法索的玉米农户，帮助他们从贫困中自立，包括普及玉米种子和支援灌溉设施。这项玉米种子捐赠活动始于一个苦恼：如果将玉米用于产业，导致谷物价格上涨，那么可能会发生需要食用玉米的人吃不到玉米的事情。用一双袜子的销售收入，让贫困国家 1 人可以生产出 2 周内可以食用的 34 个玉米，以此来帮助地区摆脱贫困，为社会和可持续性实践做出贡献。

CORNSOX 在产品的制作、消费、使用和废弃的全过程中，实践着可持续的理念，例如，2013 年，中国香港设计中心主办的 DFAA 中，玉米袜子被评为"考虑环境和社会的可持续商业模式"，并获得优秀奖，可以说是对基于公司可持续价值的成长可能性的社会评价。这是 CORNSOX 公司所实施的强调各种活动和环保因素的品牌产品，是想要解决社会问题的企业的价值观，也是品牌为形成可持续性文化而不懈努力的成果。

三、可持续发展战略

CORNSOX 追求可持续时尚，在制造和流通过程中，将环境和消费者的损失、资源浪费降至最低，不仅是出于对环境和消费者危害的考虑，更是对人类工作环境、贫困问题的思考。另外，CORNSOX 通过品牌主导的可持续传播和教育，强调有意识的可持续消费，将时尚的消费理解为扩展概念的可持续发展社会行为而不是个人行为。具体如下：

①为时尚产业造成的环境污染提出新的对策。

②尝试解决社会贫困和环境问题。

③将可持续时尚推向大众。

④强调时尚企业和消费者的联合。

⑤建议通过时尚消费进行社会参与性活动。

CORNSOX 带着创造更好世界的愿景，提出了"Sustainable，Please，Message"。其中"Sustainable"是以对环境的关注为基础，为消费者提供可持续消费价值观。"Please"指的是追求能让人高兴和快乐的工作，为了以更有趣的方式向大众传达CORNSOX所追求的价值做出各种努力，例如，与独立乐队一起推出数码单曲专辑。"Message"是指通过这些社会参与性的工作，向消费者传达关于可持续性的各种信息。

第十五节　欧布斯 Allbirds

一、品牌介绍

欧布斯是创立于 2016 年的鞋履品牌。欧布斯品牌创立是在众筹网站（Kickstarter）上用了 5 天，筹集了 11.9 万美元后开始的。随后，2016 年 9 月，欧布斯获得了由风险投资机构（Maveron）领投的 725 万美元的 A 轮融资。值得注意的是，欧布斯被称为"世界上最舒服的跑鞋"，但它的价值不仅仅是在舒服这一点，人们关注更多的是它的可持续性价值。品牌创始人莱姆·布朗（Tim Brown）曾是新西兰国家足球运动员，也许是因为职业的原因，一双好鞋对他来说至关重要，所以布朗格外关注制鞋与卖鞋。他总是以穿着者的角度去想鞋子的开发，并且总会有异想天开的想法，这也是他成功的秘诀。因为鞋子创始人是土生土长的新西兰人，对羊毛了如指掌。在好奇的天性驱使下，他开始问自己，可不可以用天然资源制作鞋子，例如羊毛？这一想法在与工程师和可再生能源专家乔伊·兹维林格（Joey Zwillinger）的合作下，研制出了第一款产品，并且这一想法一直运用在之后的所有产品中。

二、可持续发展活动

（一）设计与选择原材料阶段

欧布斯的鞋子没有浮夸的商标，没有毫无意义的细节，只专注做一款舒适至上的鞋子，实用设计结合天然制作。

布朗会思考为什么鞋的材质都是皮革、是合成材料？为什么没有一双由羊毛制成的运动鞋呢？ 这样的思考让布朗开始了新的尝试——用柔软的材料制鞋，比如羊毛，并且是四季皆可穿的。产品推出后消费者口碑出奇的好，消费者给予的评价是"穿过最舒适的鞋子""不用穿袜子""轻巧方便"，欧布斯鞋子质地柔软、舒适轻巧，还因使用羊毛赋予了欧布斯自然环保的特点。因为欧布斯用的是美利奴羊毛（Merino），十分纤细，纤维直径只有人类头发的20%，具有透气、调节温度、吸湿排汗的特性，摸上去没有刺激性的瘙痒感。并且，在新西兰羊的数量约是人的六倍，这为欧布斯提供了大量的羊毛，在工艺上比典型的合成鞋使用的材料节省了60%的能源。

2018年，欧布斯推出了一款创新型的新产品，是一款用桉树做的鞋子，这是自品牌发布以来最大的一次产品更新。桉树鞋子是将树打成碎屑，制成纤维纺织成线，再将线编织成鞋。与羊毛材质鞋一样，树木材质鞋子仍然保证了鞋子的柔软和舒适程度。通过洁净的闭环流程提取南非桉树的纤维，从而拥有了一种天然的、可再生的材料，比传统面料更加环保。这种材料具有舒适、透气并且光滑如丝的特性。桉树鞋子很好地解决了羊毛不耐脏、夏季闷热的问题。

Trino 是欧布斯的首个获得专利的针织面料，它将南非桉树纤维与新西兰美利奴羊毛结合，并充分利用了两种材料的特性。Trino 能为消费者带来柔软的特别享受，并且透气吸湿，还能大幅降低对环境的影响。随后又使用再生矿泉水瓶材料制作鞋带，还使用蓖麻籽油增加鞋垫的天然特质，使舒适感倍增。

（二）生产阶段

欧布斯坚持在生产的每一个环节都做到环保可持续。欧布斯桉树鞋子使用的树木来自南非当地林场。林场经过国际树木协会安全认证，达到了生态可持续的标准。在生产过程中，农场较少使用肥料，不需要人工灌溉，而是依赖天然的雨林降水，节省了 95% 的水资源。

在回收利用阶段，欧布斯将可回收瓶剪切、压平、碾碎再造，一个回收的塑料瓶可以转化为一双欧布斯鞋的鞋带。欧布斯的包装由 90% 的回收纸板制成，因为每个盒子都值得第二次机会。

（三）销售阶段

在营销阶段，欧布斯与致力于环境保护的奥斯卡影帝莱昂纳多·迪卡普里奥（Leonardo DiCaprio）携手合作，莱昂纳多亦成为 Allbirds 的投资人。为解决气候变化，品牌与莱昂纳多共同提出一个看似简单的问题，即如何更好地追求"物质"？在最新发布的品牌概念视频中，莱昂纳多清晰而有力地阐述了"追求物质"意味着什么。这并非鼓励冲动消费，而是引导人们深刻反省所购买物品的材质以及可能产生的影响，促使人们不断反思物质生产的方式，从自身做起，选择符合"新物质主义"的产品和品牌。

三、可持续发展战略

欧布斯成立之初就有明确的愿景，即"用更好的方式做更好的事情"(To make better things in a better way）。具体来说，就是用原始的材料，以可持续的方式制作舒适的鞋。创始人 Tim 认为很多鞋被过度设计。因此欧布斯提倡简约。简约并不是简单，依然有很高的工艺要求；舒适是品牌最初追求的品质，羊毛材质的使用帮助实现了这一点；可持续性也是公司非常看重的价值，因此产品均使用天然材料。事实上，以上三个特点通常是不能兼容的，有设计感的鞋通常不舒服或者不可持续，而 Allbirds 的独特之处就是兼容这三个特点。

第四章
可持续时尚消费者

第一节　可持续时尚消费现状

为了引导消费者进行可持续性消费，学术界很早开始研究可持续性产品的消费趋势与消费心理。

据悉，由于当前社会和环境问题的严重性，消费者、企业和政府对可持续性越来越感兴趣，特别是在时尚行业，环境污染和工作环境恶化的问题受到媒体和环境组织的批评。随着消费者对可持续性的关注度越来越高，被指责的企业认识到必须面对消费者的需求。因此，受到质疑的品牌都试图通过整改产品供应链来实行可持续发展计划。此外，国内外品牌，包括添柏岚、FREITAG 和 Re；Code，制定了一系列企业战略，在产品供应过程中考虑可持续性，并推出可持续的时尚产品来吸引和引导可持续消费。

研究人员早在 20 世纪 90 年代末期就开始分析可持续消费，指出了消费者在可持续时尚方面缺乏认识、对可持续时尚消费中可持续性的含义感到困惑、对时尚产业造成的环境影响以及对可持续性的影响知之甚少的问题。

消费者对环境问题和道德消费越来越感兴趣。然而，即使面对可持续消费兴趣的重大变化，环保时尚市场的规模仍然相对较小。消费者对环保时尚的认知仅限于天然材料、天然染色和回收再利用。研究指出消费者对时尚行业所实施的可持续性感到疑惑，特别是对生产过程。消费者有兴趣购买可持续的时尚商品，但他们不想支付比一般商品更多的费用。这表明消费者缺乏对可持续时尚商品的清晰认知，缺乏对可持续时尚价值的清晰认知。研究指出消费者的认知和态度是影响消费者可持续产品购买行为的重要因素而能影响消费者认知和态度的因素是消费者是否能够了解可持续产品及其对环境和社会的影响。此外，了解的产品信息越多，消费者对可持续产品的购买意愿就越大。因此，有必要让消费者清楚地了解时尚行业原有模式导致的环境和社会问题，以及时尚行业可持续发展的必要性。

到目前为止，考虑到社会对环保和可持续发展的兴趣，许多研究试图探索影响可持续消费行为的主要因素。但由于消费者追求个性的倾向以及不同的消费模式，预测消费者的行为非常困难。

第二节　可持续时尚认知

　　人们对环境保护的知识，大多来自于对环境保护的忠实与专注。知识通常是可以从一个人的记忆中或在外部搜索相关产品之前检索到的信息，并最终影响消费者的产品的选择和使用。研究者对消费者的知识与购买行为进行了研究，即研究哪种知识，知识程度会不会影响消费者购买行为。结果是非常肯定的，知识影响消费者的购买行为。但知识是无形的，只是分类方式是此类研究的关键。

　　知识分为三种：客观知识是储存在消费者记忆中的知识，主观知识是消费者自己认为他们所拥有的知识，最后是产品相关的使用经验知识。在这三者中，客观知识和经验知识是相互关系密切的重要组成部分。客观知识是存储在我们实际记忆中的知识的内容和结构。在一项从营销角度对产品相关知识进行类型化的研究中，产品相关知识包括产品属性、属性评估、品牌事实、购买和决策过程。如果一个个体拥有高水平的该类知识，就可以说这个个体拥有高水平的客观知识。经验知识是消费者知识的重要组成部分，可以影响决策者处理信息的能力。人们可以通过改变购买和使用产品的方式来达到以一种环境友好的方式生活。比如，进行回收的人和不进行回收的人在态度或动机上没有差异，但在如何回收的操作知识上有显著差异。因此，通过观察消费者对可持续性产品的购买和使用经验，可以看出其个人对产品拥有的知识水平。

消费者对可持续产品消费有消极的认知或态度是因为他们没有足够的知识来引导他们做出正确的行为。个人对问题的认识会影响他们的决策。知识的重要性和知识缺失对决策过程的影响早已得到证实。因此，可持续发展对环境和社会影响的教育影响着时尚行业。

环境意识和行为受到消费者价值观、态度和知识的影响。知识可以影响对环境友好的态度，并导致对环境负责的消费行为。对环境问题的了解是一个优先因素，它可以通过说服消费者相信他们的行为将对环境问题有贡献来影响他们的行为，因此它可以导致行为的改变。然而，促进可持续时尚购买的消费者知识和形成对可持续时尚态度的知识是不同的。消费者意识到可持续发展的需要，但这种意识并不能导致实际消费行为。知识是行为的一个重要变量，但必须考虑知识对有意识行为的影响程度。

此外，知识水平对广告信息内容类型的接收程度也有所不同。一般来说，专家主要根据产品的关键特性进行决策或搜索详细信息，同时还要考虑产品的其他各种属性。相反，初学者倾向于仅仅根据产品的优点来做出决定或搜索信息。然而，普通消费者无法验证他们购买的产品的可持续性，因此，需要进一步搜索信息或企业的引导。

第三节　可持续时尚的价值与风险

先前的研究重视感知价值，因为它对消费者的选择有积极的影响。感知价值在建立营销战略中更为重要，公司可以通过产品价值来增加消费者的购买意向。但是，在可持续时尚的背景下，缺乏对可持续时尚产品价值的研究，无法判断最有效的因素。在先前的研究中，感知风险和感知价值有助于影响购买新产品。消费者感知到可持续时尚的风险就不会购买产品。但是，如果可持续时尚的价值被消费者认可，他们就会购买产品。但在真实的消费过程中往往是感知风险和感知价值同时启动，所以需要细致的探讨哪些风险是导致可持续时尚产品不受欢迎的原因，哪些价值会使可持续时尚产品被消费者认可。顾客感知的风险和产品的价值必须分解成不同的维度，以了解消费者的多样化需求和行为意图。前景理论描述了在风险和不确定条件下由价值驱动的行为意图。根据消费价值理论直接解释了消费者为什么选择购买或不购买某些产品——不同维度的价值影响了消费者的选择。

　　一般来说，价值观可以被视为指导选择或评价可取的行为或状态的信念。对于解释消费者为什么选择购买特定产品，消费价值观的研究认为，消费者的最终购买受到不同感知价值的影响，而且不同消费者对同一产品或品牌也会感知到不同的价值。从消费者购买决策的角度看，消费者对某一产品的感知价值越高，说明他对该产品以及品牌传递的情感和文化越认同，就越有可能对其产品产生正面的态度，购买意愿就会越强烈。

　　感知价值是消费者对产品效用的整体评估。感知价值具有多维结构，有学者认为，购买具有高度象征意义和知名度的产品时，消费者会感受到情感价值和社会价值。感知情感价值是消费者在购买和消费过程中体验到的情感满足感和成就感。关于时尚消费的研究表明，消费者对时尚产品的情感反应决定了他们的购买。通过绿色消费，人们在心理上对自身的道德行为感到满意。同样，通过可持续时尚消费，消费者会因其行为对环境和社会产生的积极影响而产生成就感。因此，情感价值可以被视为可持续时尚消费的一个重要价值因素。社会价值被定义为从一个或多个特定社会群体中获得的感知效用价值。因为具有积极、正向意义的产品可以给消费者一个良好的形象和社会地位，所以消费者在环保或公益类产品的消费中能够感知到社会价值。时尚产品是自我表达的重要手段，消费者对可持续时尚产品的消费反映了其感知的社会价值。功能价值是消费者从产品和服务中获得的实际技术和功能利益。可持续时尚产品在设计、材料选择和功能方面大多以环境友好和利于健康为出发点，可以使消费者感知到其功能价值。认知价值被定义为诱导好奇心，提供新知识，并以知识和利益满足欲望的价值。认知价值可以触发好奇心，使消费者在购物的过程中搜集更多产品相关信息，对产品产生更多的兴趣，满足消费者的猎奇需求。认知价值也可以是通过搜集产品信息得到新知识和新信息所感知的价值。可持续时尚是近年得到广泛关注的话题，对可持续时尚产品的消费具有满足猎奇需求和对热门话题相关产品的关注的特征。

消费者在进行购物决策时会考虑为获得产品和服务所付出的货币和非货币成本（时间、精力、努力等）。对于价格敏感的消费者而言，货币成本在购物决策中起决定性作用。感知经济价值是对商品或服务与其价格进行对比的过程中感知到的价值，即对一个交易价格的认可程度。对消费者而言，减少货币支出就是增加感知经济价值，会对其购买意愿产生正面影响。研究表明，价格对消费者可持续时尚产品购买决策有重要影响，因此感知经济价值是可持续时尚消费的重要价值因素。

但事实上，消费者对可持续时尚消费中可持续性的含义感到困惑，并对时尚产业的可持续性生产过程持怀疑态度。这种信息不对称使消费者很难在购买前确定产品的价值。因此，评估可持续时尚消费中的感知风险是确定感知价值和购买意愿的先决条件。由此可知，企业应采用营销管理战略，以提高其消费者对可持续时尚产品的感知价值，并降低其产品和服务的感知风险。

第五章
可持续时尚发展的未来

第一节　可持续时尚未来展望

　　时尚行业被商业引导成"购买、使用、扔掉、再买"的浪费性极强的行业，而且一次性和浪费的现象越来越严重。与 15 年前相比，消费者购买衣物的时间增加了 60%、服装和鞋类工业排放的温室气体约占全球排放总量的 10%，仅纺织工业每年就向大气中排放超过 12 亿吨的二氧化碳。清洗和处理衣物（通常是在垃圾填埋场）只会增加这种影响。随着人们购买的东西越来越多，这种影响也在不断增加。时尚行业的第一责任者需要尽快改变路线，因为我们生存的环境已经受到气候变化的灾难性影响。那么谁是时尚行业的第一责任者？时尚企业和消费者都可以说是第一责任者。时尚企业需要提供可持续时尚产品、消费者需要进行可持续消费，这个行业才能在短时间内实现质的改变。

一、再生材料的普遍化

时尚行业已经有较多的品牌推出由再生材料制作的产品，特别是回收塑料瓶。因为世界上 60% 的服装是由聚酯制成的。聚酯是一种由石油制成的塑料，塑料瓶刚好是可回收的聚酯，使用再生聚酯减少了我们对化石燃料的依赖，并使塑料瓶远离垃圾填埋场。还有通过玉米秸秆的回收再利用制成的聚乳酸纤维，回收废旧纺织品制成的氨纶纤维面料等。行业内不断有新的再生材料诞生，可再生材料的使用率不断提高，消费者对再生材料制成的时尚产品的接受度也逐渐增高。

但每年只有不到 1% 的旧衣服被回收制成新衣服。生产一磅常规棉花大约需要 173 加仑的水，但如果使用再生棉花，与传统棉花相比，既可以节约用水，还可以减少排放 80% 的二氧化碳。但是，要真正产生影响，我们需要全行业的变革。如果服装业使用回收材料来生产他们的服装，我们所得到的结果是超乎想象的。回收和合成纱生产商 Unifi 2021 年报告中显示，1～6 月市场对再生塑料制成的产品的兴趣占了该季度增长的很大一部分，来自可持续纤维的收入占公司综合净销售额的 38%，比上一季度增长了 10%。最近，Higg MSI 对这种材料进行了评估和评分，作为可持续服装联盟（Sustainable Apparel Coalition）的一个部门，该指数证实，与普通的物理回收聚酯相比，该材料降低了 21% 的全球变暖潜力。这种纤维在减少气候变化方面比原始聚酯纤维高出 42%。这表示再生材料已经受到关注，并且市场环境将越来越稳定，以再生材料制作的产品将普遍化。

二、传统工艺传承

工业化的大量生产促使时尚行业的浪费与污染。全世界有很多环保的高质量的传统工艺，特别是中国。时尚行业需要传承世界各地区各民族的传统工艺，将现代生产方式与科技结合创造出更有利于环境的生产方式。传统工艺的原材料基于农业，而利用工业技术和化学品的制作方式是气候变化的主要原因之一，每年排放的碳高达 25%。如果我们从化石燃料密集型的材料和方法转变为有机的原材料和传统工艺改良的亲环境现代技术的话，也可以培育健康的土壤并将碳吸收回土壤，也可以将我国的基础农业系统转化为解决方案。

三、企业的重要作用

时尚企业不仅需要对自身商业活动提出要求，还需要对供应商提出相应的要求。例如，与关键原材料供应商合作，开展一项新的碳减排绩效计划，以支持他们的业务脱碳。也可以和生产商合作，开发与试验减少浪费的生产方式，减少制造业的环境足迹，以减少时尚行业对气候的集体影响。

第二节　联合国可持续发展目标

　　时尚行业的可持续时尚参考标准是以联合国可持续发展目标为基础制定的，因此，本节将详细叙述联合国可持续发展目标，以便读者更好地理解可持续时尚。

　　可持续发展目标呼吁全世界共同采取行动，消除贫困、保护地球、改善所有人的生活和未来。2015 年联合国通过并且发布了 17 项可持续发展目标，并将其作为 2030 年可持续发展议程的组成部分。该议程为世界各国在 15 年内实现 17 项目标指明了方向。许多国家早在 20 世纪 90 年代就已经开始投入可持续发展行动，目前，许多地方的行动正取得进展，但总体而言，进展的速度和规模尚未达到实现可持续发展目标所需的水平。自 2020 年起的 10 年内，我们必须采取有力的行动，才能在 2030 年之前实现可持续发展目标。

　　目标 1：在全世界消除一切形式的贫困。联合国制定了到 2030 年五条消除贫困的详细目标，包括通过加强发展合作、充分调集资源，为发展中国家，特别是最不发达国家提供充足、可预见的手段以执行相关计划和政策，消除一切形式的贫困。根据惠及贫困人口和顾及性别平等问题的发展战略，在国际、国家和区域层面制定合理的政策框架，支持加快对消贫行动的投资。

目标 2：消除饥饿，实现粮食安全，改善营养状况和促进可持续农业。到 2030 年消除饥饿、消除一切形式的营养不良、提高农业生产力、确保建立可持续粮食生产体系并执行具有抗灾能力的农作方法。通过加强国际合作等方式，增加对农村基础设施、农业研究和推广服务、技术开发、植物和牲畜基因库的投资，以增强发展中国家，特别是最不发达国家的农业生产能力。采取相关措施，确保粮食商品市场及其衍生工具正常发挥作用，确保及时获取包括粮食储备量在内的市场信息，限制粮价剧烈波动。

目标 3：确保健康的生活方式，促进各年龄段人群的福祉。2030 年的目标包括降低死亡率、确保预防和治疗各类疾病、普及健康生活方式，实现全民健康保障。酌情在所有国家加强执行《世界卫生组织烟草控制框架公约》。支持研发主要影响发展中国家的传染和非传染性疾病的疫苗和药品，让所有人获得药品的保障。大幅加强发展中国家，尤其是最不发达国家的卫生筹资，增加其卫生工作者的招聘、培训和留用。

目标 4：确保包容和公平的优质教育，让全民终身享有学习机会。到 2030 年实现的目标包括确保男女童能受到公平良好的教育，消除教育中对不同群体的差距与不公平。建立和改善兼顾儿童、残疾和性别平等的教育设施，为所有人提供安全、非暴力、包容和有效的学习环境。
大幅增加合格教师人数，具体做法包括在发展中国家，特别是最不发达
国家开展师资培训方面的国际合作。

目标 5：实现性别平等。制定了具体的保护女性与女童目标，包括
其应当享有的权力。加强政策、法规、技术以确保实现目标。

目标 6：为所有人提供清洁饮水和卫生设施并对其进行可持续管
理。到 2030 年，扩大向发展中国家提供的国际合作和能力建设支持，
帮助它们开展与水和卫生设施有关的活动和方案，包括雨水采集、海水
淡化、提高用水效率、废水处理、水回收和再利用技术。支持和加强地
方社区参与改进水和环境卫生管理。

目标 7：确保人人获得负担得起的、可靠和可持续的清洁能源。到
大幅增加可再生能源在全球能源结构中的比例，并且使全球能效改善率
提高一倍。加强国际合作，促进获取清洁能源的研究和技术，包括可再
生能源以及先进和更清洁的化石燃料技术，并促进对能源基础设施和清
洁能源技术的投资。增建基础设施并进行技术升级，以便根据发展中国
家，特别是最不发达国家各自的支持方案，为所有人提供经济适用的清
洁能源服务。

目标 8：促进持久、包容和可持续经济增长，促进充分的生产性就
业和人人获得体面工作。通过援助支持各国多样化经营、技术升级和创
新，维持人均经济增长、提高竞技生产力，逐步改善全球消费和生产的

资源使用效率，大幅减少未就业和未受教育或培训的青年人比例，采取有效措施，保护劳工权利。

目标 9：建造具备抵御灾害能力的基础设施，促进具有包容性的可持续工业化，推动创新。根据各国国情，提高工业在国内生产总值中的比例。促进小型工业和其他企业，特别是发展中国家的这些企业获得金融服务、包括负担得起的信贷的机会。升级基础设施，改进工业以提升其可持续性，提高资源使用效率，更多采用清洁和环保技术及产业流程。增加研发人员数量，并增加公共和私人研发支出。支持发展中国家的国内技术开发、研究与创新，包括提供有利的政策环境，以实现工业多样化，增加商品附加值。

目标 10：减少国家内部和国家之间的不平等。增强所有人的权能，促进他们融入社会、经济和政治生活，而不论其年龄、性别、残疾与否、种族、族裔、出身、宗教信仰、经济地位或其他任何区别。促进有序、安全、正常和负责的移民和人口流动，包括执行合理规划和管理完善的移民政策。到 2030 年，将移民汇款手续费减至 3% 以下，取消费用高于 5% 的侨汇渠道。

目标 11：建设包容、安全、有抵御灾害能力和可持续的城市和人类住区。到 2030 年，确保人人获得适当、安全和负担得起的住房和基本服务，在所有国家加强包容和可持续的城市建设，加强参与性、综合性、可持续的人类住区规划和管理能力。并向所有人提供安全、负担得起的、易于利用、可持续的交通运输系统，减少城市的人均负面环境影响，通过财政和技术援助等方式，支持最不发达国家就地取材，建造可持续的、有抵御灾害能力的建筑。

目标 12：采用可持续的消费和生产模式。到 2030 年，实现自然资源的可持续管理和高效利用。将零售和消费环节的全球人均粮食浪费减半，减少生产和供应环节的粮食损失，包括收获后的损失。并且通过预防、减排、回收和再利用，大幅减少废物的产生。鼓励各个公司，特别是大公司和跨国公司，采用可持续的做法，并将可持续性信息纳入各自的周期报告中。支持发展中国家加强科学和技术能力，采用更可持续的生产和消费模式，确保各国人民都能获取关于可持续发展以及与自然和谐相处的生活方式的信息并具有上述意识。开发和利用各种工具，监测能创造就业机会、促进地方文化和产品的可持续旅游业对促进可持续发展产生的影响。

目标 13：采取紧急行动应对气候变化及其影响。加强各国抵御自然灾害的能力，将应对气候变化的举措纳入国家政策、战略和规划。加强有关气候变化影响和早期预警等方面的教育和宣传，加强人员和机构在气候变化预警、应对等方面的能力。促进发展中国家，特别是最不发达国家建立增强能力的机制，帮助其进行与气候变化有关的有效规划和管理，包括重点关注妇女、青年、地方社区和边缘化社区。

目标 14：保护和可持续利用海洋和海洋资源以促进可持续发展。预防和大幅减少各类海洋污染，特别是陆地上活动造成的污染，包括海洋废弃物污染和营养盐污染。到 2030 年，促进发展中国家，特别是最不发达国家通过可持续利用海洋资源获得的经济收益，包括可持续地管理渔业、水产养殖业和旅游业。根据《联合国海洋法公约》所规定的保护和可持续利用海洋及其资源的国际法律框架，加强海洋和海洋资源的保护和可持续利用。

目标 15：保护、恢复和促进可持续利用陆地生态系统、可持续管理森林、防治荒漠化、制止和扭转土地退化、遏制生物多样性的丧失。防止荒漠化、保护山地生态系统、减少自然栖息地的退化、遏制生物多样性的丧失、终止偷猎和贩卖受保护的动植物物种，以保护和可持续利用生物多样性和生态系统。为发展中国家推进可持续森林管理，包括为保护森林和重新造林提供资金支持。

目标 16：创建和平、包容的社会以促进可持续发展，让所有人都能诉诸司法，在各级建立有效、负责和包容的机构。大幅减少一切形式的暴力和相关的死亡率，制止对儿童进行虐待、剥削、贩卖以及一切形式的暴力和酷刑。在国家和国际层面促进法治，确保所有人在法律面前平等。到 2030 年，大幅减少非法犯罪行为，并在各级建立有效、负责和透明的机构。

目标 17：加强执行手段，重振可持续发展全球伙伴关系。主要从筹资、技术、能力建设、贸易、系统性问题、政策和机制的一致性、利益相关者关系等方面设立具体目标。